高等学校研究生适用教材

信息素养与学术利用

主　编　邹　瑜
副主编　李汉宁　李　杨

国防工业出版社
·北京·

内 容 简 介

本书以增强信息意识和提高科研素养为导向，阐述了信息素养的基本内容，包括定义、组成要素、评估标准、教育现状等相关知识和基础理论；同时系统地介绍了中外文学术数据库、特种文献、专题数据等的基础知识及常用的检索工具和检索方法；此外，也介绍了学术论文的写作与投稿、个人文献资料管理与文献管理工具NoteExpress的使用、知识产权与学术道德规范的相关内容。

本书适用于具有一定信息素养基础的读者，可作为高等院校研究生信息检索、信息素养类课程的教材或教学参考书，也可供广大科研工作者学习、参考。

图书在版编目（CIP）数据

信息素养与学术利用 / 邹瑜主编；李汉宁，李杨副主编 .—北京：国防工业出版社，2024.10.
ISBN 978-7-118-13443-8

Ⅰ．G254.97

中国国家版本馆 CIP 数据核字第 2024TK3656 号

※

国防工业出版社出版发行
（北京市海淀区紫竹院南路23号　邮政编码100048）
北京凌奇印刷有限责任公司印刷
新华书店经售

*

开本 710×1000　1/16　印张 11¼　字数 192千字
2024年10月第1版第1次印刷　印数 1—1500册　定价 68.00元

（本书如有印装错误，我社负责调换）

国防书店：(010)88540777　　书店传真：(010)88540776
发行业务：(010)88540717　　发行传真：(010)88540762

本书编委会

主　编 邹　瑜
副主编 李汉宁　　李　杨
编　委（按姓氏拼音排列）
　　　　丁　鑫　　李丹浓　　李灵慧　　卢艺丰
　　　　詹刘寒　　张伟丽

前 言

随着信息技术的飞速发展以及信息革命的不断深化，当今社会已进入信息时代。信息的爆发式增长给人们提供了丰富的信息资源和信息服务，大大拓展了人类的信息空间。面对海量的信息，如何高效、准确地查找所需资源，如何有效排除信息过载的干扰，是每个人在学习、生活和工作中都无法回避的问题。具有较高的信息素养已成为个人适应社会发展应具备的基本素质。

在当今信息社会中，信息素养教育日趋重要，逐渐受到社会各界的关注与重视。目前，大部分高校通过开设"文献检索""信息检索"等课程面向学生开展信息素养教育，目的是帮助学生更好地使用各种信息检索系统，提升信息检索和信息利用能力，信息素养教育已成为学校教育和终身教育的基本构成。

本书是编者在总结多年信息素养教育实践经验的基础上，结合研究生学习特点以及当下信息素养教育现状编写而成，旨在帮助研究生增强信息意识，提升信息技能，遵守信息伦理，提高科研素养，培养终身学习能力。

本书共8章，主要包括三个部分。第一部分"信息素养基础知识"，包括第1章，主要介绍了信息素养的基础知识、组成要素、评估标准以及高等院校的信息素养现状；第二部分"信息检索与利用"，包括第2～5章，主要介绍了中文学术数据库、外文学术数据库、特种文献、专题数据等的基础知识及常用的检索工具和检索方法；第三部分"信息资源的综合利用"，包括第6～8章，主要介绍了学术论文的写作与投稿、个人文献资料管理概述与文献管理工具NoteExpress的使用、知识产权基础知识与学术道德规范。全书结构清晰、由浅入深，内容简明扼要、案例丰富，有较强的针对性和实用性，易于学生理解和掌握。

本书在编写过程中，参考了国内外相关的书籍、论文和网络资料，并从中获得了灵感和启示，但由于篇幅有限，未能在文中一一列出，在此谨向各位专家学者致歉并表示衷心的感谢！

最后，由于信息资源的日益丰富和检索技术的不断更新，也由于编者学识、水平有限，加之时间仓促，书中难免存在疏漏和不足之处，恳请广大读者批评指正，以便不断改进。

编　者

2023年12月

目 录

第1章 认识信息素养 ··· 1
  1.1 信息素养的内涵 ·· 1
    1.1.1 信息素养的概念与定义 ·· 1
    1.1.2 信息素养相关概念 ··· 2
  1.2 信息素养的重要性 ·· 4
    1.2.1 信息素养与终身学习 ·· 4
    1.2.2 信息素养与21世纪核心素养 ································· 5
  1.3 信息素养的组成要素 ·· 7
    1.3.1 信息意识 ··· 7
    1.3.2 信息知识 ··· 7
    1.3.3 信息应用能力 ·· 8
    1.3.4 信息伦理与安全 ··· 8
  1.4 信息素养的评估标准 ·· 8
    1.4.1 美国高等教育信息素养能力标准 ···························· 9
    1.4.2 美国高等教育信息素养框架 ································· 10
    1.4.3 北京地区高校信息素质能力指标体系 ····················· 15
  1.5 高等院校信息素养教育 ·· 20
    1.5.1 高校图书馆的信息素养教育职能 ···························· 20
    1.5.2 国内高校图书馆开展信息素养教育现状 ·················· 21
    1.5.3 国内高校信息素养教育不足 ································· 22
    1.5.4 促进国内高校信息素养教育发展的思考与对策 ········· 23

第2章 中文学术论文数据库检索与利用 ································· 25
  2.1 学术数据库 ·· 25
    2.1.1 学术数据库概念 ··· 25
    2.1.2 学术数据库的特点 ·· 25

VII

   2.1.3 学术数据库的种类 ·· 26
   2.1.4 学术数据库的访问权限 ··· 26
  2.2 中文三大学术论文数据库 ·· 27
   2.2.1 中国知网（CNKI） ·· 27
   2.2.2 万方 ·· 34
   2.2.3 维普 ·· 36

第3章 外文学术数据库检索与利用 ··· 43
  3.1 全文型与文摘索引型学术数据库 ·· 43
   3.1.1 全文型数据库 ··· 43
   3.1.2 文摘索引型数据库 ··· 44
  3.2 Web of Science平台 ·· 45
   3.2.1 Web of Science核心合集检索方式 ······························ 45
   3.2.2 Web of Science检索结果处理与分析 ···························· 48
  3.3 EI工程索引数据库 ··· 51
   3.3.1 Ei Compendex检索方式 ··· 51
   3.3.2 Ei Compendex检索结果处理与分析 ····························· 53
  3.4 SpringerLink数据库 ··· 54
   3.4.1 SpringerLink检索方式 ··· 55
   3.4.2 SpringerLink检索结果处理 ·· 56
  3.5 ACM数据库 ·· 57
   3.5.1 ACM Digital Library检索方式 ···································· 57
   3.5.2 ACM Digital Library检索结果处理 ······························· 59
   3.5.3 ACM Digital Library数据库的浏览功能 ························· 60
  3.6 PQDT数据库介绍与检索方法 ··· 61
   3.6.1 PQDT检索方式 ··· 61
   3.6.2 PQDT检索结果处理 ··· 64

第4章 特种文献 ··· 66
  4.1 特种文献的定义与类型 ·· 66
   4.1.1 特种文献的定义 ·· 66
   4.1.2 特种文献的类型 ·· 66
  4.2 专利文献的检索 ··· 66
   4.2.1 专利及专利文献 ·· 66

	4.2.2	专利文献的特点	67
	4.2.3	国际专利分类法	67
	4.2.4	国内外专利文献的检索	68
4.3	标准文献的检索		72
	4.3.1	标准文献的含义	72
	4.3.2	标准的类型	72
	4.3.3	国内标准文献的检索	73
4.4	学位论文的检索		79
	4.4.1	学位论文的特点	79
	4.4.2	国内外学位论文的检索	79
4.5	会议文献的检索		84
	4.5.1	会议文献的特点	84
	4.5.2	国内外会议文献的检索	85
4.6	其它特种文献检索		88
	4.6.1	科技报告	88
	4.6.2	政府出版物及检索	93

第5章 专题数据检索   97

5.1	认识数据及数据检索		97
	5.1.1	数据、数据资源、数据集	97
	5.1.2	数据的应用	98
	5.1.3	获取数据的渠道	98
5.2	统计数据检索		99
	5.2.1	各级统计局和政府各部委网站上的统计数据	99
	5.2.2	国内外数据开放平台	99
5.3	法律信息检索		101
	5.3.1	法律法规检索	101
	5.3.2	裁判文书检索	103
	5.3.3	司法执行信息检索	104
	5.3.4	庭审直播录播视频检索	106
5.4	教育数据检索		106
5.5	医疗健康数据		109

第6章 学术论文写作与投稿   113

6.1 学术论文概述 ··· 113
6.1.1 学术论文的定义 ··· 113
6.1.2 论文的分类 ··· 113
6.1.3 学术论文的特点 ··· 114
6.1.4 撰写论文的意义 ··· 115
6.1.5 完成一篇论文的基本流程 ··· 115
6.2 论文选题 ··· 116
6.2.1 选题的重要性 ··· 116
6.2.2 确定选题的程序 ··· 117
6.2.3 确定选题的原则 ··· 118
6.2.4 确定选题的途径 ··· 120
6.3 论文写作 ··· 121
6.4 论文投稿 ··· 124

第7章 个人文献资料管理及NoteExpress的使用 ··· 127
7.1 个人文献资料管理概述 ··· 127
7.1.1 个人信息管理的概念 ··· 127
7.1.2 个人文献资料管理的作用 ··· 127
7.2 NoteExpress的使用 ··· 128
7.2.1 管理功能 ··· 129
7.2.2 写作功能 ··· 141
7.2.3 统计分析功能 ··· 143
7.2.4 常见问题及解决方案 ··· 144

第8章 知识产权与学术道德规范 ··· 148
8.1 知识产权 ··· 148
8.1.1 学习知识产权意义 ··· 148
8.1.2 知识产权导论 ··· 148
8.1.3 知识产权的对象、取得、利用 ··· 150
8.1.4 知识产权制度发展现状 ··· 150
8.1.5 知识产权的保护 ··· 151
8.1.6 知识产权分类 ··· 152
8.1.7 知识产权案例分析 ··· 155
8.2 学术道德 ··· 156

  8.2.1 遵守学术道德的意义 …………………………………… 156
  8.2.2 学术道德的涵义 …………………………………………… 156
  8.2.3 学术道德的基础原则 ……………………………………… 156
  8.2.4 学术道德研究准则 ………………………………………… 157
  8.2.5 学术道德评价准则 ………………………………………… 157
  8.2.6 学术道德批评准则 ………………………………………… 158
 8.3 学术规范与合理使用文献 ……………………………………… 158
  8.3.1 学术规范 …………………………………………………… 158
  8.3.2 合理使用文献 ……………………………………………… 160
  8.3.3 学术不端行为的界定 ……………………………………… 162

参考文献 ………………………………………………………………… 166

第1章

认识信息素养

随着信息时代的到来，信息素养逐渐成为大学生必备的基本素养。相较其它素养，信息素养是与信息环境密不可分的，植根于信息化的教育环境与资源，是信息化、数字化时代独有的产物。信息素养概念自提出以来，随着信息技术发展，信息生态不断发生变化，信息素养的内涵也在不断丰富，并与相关素养进行融合发展，以更好地适应信息社会对人们信息素养的新要求。

1.1 信息素养的内涵

1.1.1 信息素养的概念与定义

信息素养的概念是随着信息社会的发展而提出来的。1963年，日本社会学家梅棹忠夫在《信息产业论》中首次提出"信息社会"概念。1974年，美国信息产业协会（ITA）主席保罗·泽考斯基（Paul Zurkowski）在提交给全美图书馆学会和信息学委员会（NCLIS）的《信息服务环境：关系与优势》报告中首次提出信息素养概念：利用大量的信息工具及原始信息使问题得到解答的技术和技能。在20世纪70年代至80年代末，信息素养定义更多关注的是图书馆文献检索技能。20世纪90年代，随着以电子技术、通信技术、数字技术和计算机网络技术为中心的新技术革命的兴起，信息素养定义得以扩展。1989年，美国图书馆协会（ALA）进一步将信息素养概念明确为：具备信息素养的人是能够敏锐地洞察信息需求，并能够进行相应的信息检索、评估和有效利用所需信息的人。这个概念将信息素养从过去的单一文献检索技能扩展到基于问题解决的信息发现、组织、评价和使用的能力，更加全面地概括了信息素养的内涵。2005年，联合国教科文组织进一步将信息素养定义为能够确定、查找、评估、组织和有效地生产、使用和交流信息，并解决面临的问题的能力。2015年2月，美国大学与研究图书馆协会（ACRL）颁布美国《高等教育信息素养框架》，将信息素养的定义扩展为：信息素养是指包括对信息的反思性发现，对信息如何产生和评价的理解，以及利用信息创造新知识并合理参与学习团体的一组综合能力。2021年3月，我国教育部发布《高等学校数字校园建设规范（试行）》（教科信函〔2021〕14号），将信息素养定义为：个体恰当利用信息技术来获取、整合、管理和评价信息，理解、建构和创造新知识，发现、分析和解决问题的意识、能力、思维及修养。这里所列举的只是不同时期关于信息素养的典型定义，实际上，20世纪70年代以来，关于信息素养的定义有几十种。可以说，随着信息技术的不断发展，信息素养的定义和内涵也在不断发展丰富，以适应时代的要求。

1.1.2 信息素养相关概念

信息素养相关概念有很多，按照产生的时间顺序，先后有媒介素养、网络素养、数据素养、数字素养、元素养等，每个概念的产生都有其时代背景，是不同母体学科基于不同视角提出的，它们各自解决不同范畴内的问题，但彼此间存在着交叉关系，在内容上相互重叠。

1. 媒介素养

20世纪30年代，英国社会因为电影、小说、广告等媒介的发展而面临了前所未有的冲击。1933年，英国学者E. R. 利维斯（E. R. Levis）和丹尼斯·桑普森（Denis Thompson）在《文化和环境：批判意识的培养》一书中对媒介素养概念进行界定，即运用媒介信息时所必备的相关知识技能。其反对大众媒介中的流行文化对青少年的侵蚀，将媒介素养教育的目的定位在甄别和抵制大众传媒的错误影响，让受教育者能够自觉形成和追求符合国家文化与精神的道德观、价值观。从20世纪50年代开始，英国对媒体发展的流行文化的态度发生了转变，在此阶段提出媒介素养教育主要表现为对流行文化、大众艺术的欣赏与研究。美国对媒介素养的研究相对较晚。1992年，"媒介素养领导人会议"界定了媒介素养概念，即每一个人都应该具备媒介素养，作为基本技能，能够在媒体时代获取相关信息，通过分析和评价等方法，提升使用电子媒体能力。2001年，美国媒介素养联盟将信息素养概念界定为依托丰富的媒介信息，例如声音、图像、语言等，个体能够具有审辩式思维，能够进行信息再创。媒介素养与信息素养有区别也有联系。从学科来看，信息素养研究与图书情报学高度相关，媒介素养与新闻传播学高度相关。从概念内涵来看，两者都有意识、知识、技能、伦理道德四个方面。从技术发展来看，媒介素养概念诞生于模拟信号的多媒体时代，信息素养概念则出现于数字信号为主的信息社会。也有学者将两者结合起来进行研究，提出媒介信息素养（Media and Information Literacy）概念。

2. 网络素养

"网络素养"概念最早由美国学者Challes R. McClure于1994年提出，他将网络素养视为信息素养的一部分，并将网络素养的概念内涵概括为网络知识的正确判断和应用以及网络技能的有效使用。国际上来看，网络素养在英文语境中有多种表述，如Network Literacy、Cyber Literacy、Internet Literacy、Online Literacy等，尚未形成一个被广泛认同的概念或框架。欧洲委员会（Council of Europe）于2010年发布了《网络素养手册》第三版（第一版与第二版分别发布于2005年与2007年），认为网络素养是"如何充分利用互联网以及如何保护网站和社交网络上的隐私"。目前，手册版本停留在第三版，没有继续更新。从国内发布的政府文件来看，我国政府话语体系中的"网络素养"重点关注"道德""思政""安全""法制"等关于网络文明的内容。2018年2月，教育部办公厅印发了《2018年教育信息化和网络安全工作要点》，其中提到要研究拟制《大学生网络素养指南》，引导大学生养成文明的网络生活方式。2019年，中共中央国务院发布《新时代公民道德建设实施纲要》，明确指出要倡导文明上网，广泛开展争做中国好网民活动，推进网民网络素养教育。2020年，中共中央发布的《法治社会建设实施纲要（2020—2025年）》明确加强全社会网络法治和网络素养教育，制定网络素养教育指南。

3. 数据素养

国外学术研究领域最早涉及数据素养这一概念，主要研究对象为科研人员和教师。21世纪初期，数据开始呈现出明显的价值和作用。2001年，R. Rice开始关注数据洪流现象，指出数据素养（Data Literacy）是对数据处理应用的能力。2004年，M. Schield是最早对这一概念作出细致解释的学者。其指出，数据素养是对数据进行获取、处理、梳理归纳等方面的能力。2007年，计算机图灵奖得主J. Grey首次提出了科学研究的第四范式（the Fourth Paradigm），即以海量数据计算为基础的密集数据范式。2008年，英国《自然》杂志首先提出大数据概念。2012年初，《纽约时报》撰文宣告"大数据时代"已然降临。2012年，联合国发布大数据政务白皮书——《大数据促发展：挑战与机遇》，基于大数据时代，能够积极应对挑战，利用数据驱动力促进发展，在促进数据素养发展时，数据密集型能够提供外在驱动力。不同行业在实际生活中对数据能力的实际需求有所区别，新闻领域的工作人员更加侧重于数据的收集和处理能力，科研人员则更加注重于数据的分析能力。数据素养和信息素养有联系也有区别，很多学者认为数据素养是信息素养的一个组成部分或是信息素养的一种形式。数据素养和信息素养最本质的区别是数据素养极大并且十分复杂地涉及数据处理而非其它类型的信息。也有学者将两者结合，提出数据信息素养（Data Information Literacy）概念。

4. 数字素养

欧洲使用数字素养概念更多，并且已经形成了相对成熟、指导欧洲多个国家实践的数字素养框架与指标体系。2006年，欧盟发布《终身学习的关键素养：欧洲参考框架》，将数字素养（Digital Competence）作为公民的八大关键素养之一，并对数字素养作了界定，具体包括使用计算机检索、评估、储存、生产、呈现和交换信息，以及通过互联网进行交流和参与协作等。2013年，欧盟发布DigComp对数字素养进行了详细阐释，提出了包含信息、传播、内容创造、安全、问题解决等五部分的数字素养框架。后续对数字素养框架及其指标进行了细化与修订，分别于2016年和2017年发布DigComp2.0及DigComp2.1，修订后的框架包含了信息与数据素养、交流与协作、数字内容创造、安全、问题解决等五部分，内容更具时代特点。2018年，联合国教科文组织以DigCom2.0为基础发布了《全球数字素养技能参考框架4.4.2》，框架中增加了"设备与软件操作""职业相关的能力"两个部分，并在"问题解决"部分中增加了"计算思维"要素。国内发布的涉及"数字素养"的政府文件多与"数字经济"发展密切相关。国家发展改革委等十余部门于2018年联合发布《关于发展数字经济稳定并扩大就业的指导意见》，其中明确提出"到2025年，伴随数字经济不断壮大，国民数字素养达到发达国家平均水平"。

5. 元素养

随着Facebook、Twitter、Delicious、Second Life、YouTube等基于Web 2.0的社交媒体和网络社区兴起，有学者认为需要对信息素养的定义进行扩展。2011年，纽约州立大学帝国学院远程学习中心代理主任托马斯·P. 麦基（Thomas P.Mackey）和纽约州立大学奥尔巴尼分校图书馆信息素养部负责人特鲁·E. 雅各布森（Trudi E.Jacobson）提出将信息素养重新定义为"元素养"。"元素养"是一个综合新兴技术并统一信息素养、媒介素养、数字素养、视觉素养、网络素养、信息流畅性等多种素养类型的总体和自我参照框架。在上述两人撰写的 *Reframing Information Literacy as a Metaliteracy* 一文中，作者指出信息素养比以往任何时候更加重要。相比传统信息素养定义，"元素养"特别强调在参与式数字环境中生产和共享信息。在教育内容上，与传统的培养检索技能相比，元素养教育更加关注面向信息的批判思维的探究能力、面向自身学习和过程的自我反思能力、面向原创信息的生产能力以及研究能力的培养。

1.2　信息素养的重要性

1.2.1　信息素养与终身学习

党的二十大报告指出要"推进教育数字化，建设全民终身学习的学习型社会、学习型大国"。信息素养与终身学习有着密切的关系。2003年，联合国教科文组织和美国图书情报学委员会联合召开信息素养专家会议，发表《布拉格宣言：走向信息素养社会》。布拉格宣言指出：信息素养能够确定、检索、评估、组织和有效生产、使用和交流信息并解决所遇到的问题，是有效参与信息社会的一个前提，是终身学习的一种基本人权。2005年，联合国教科文组织、国际图书馆协会联合会、美国全国信息素养论坛联合召开国际高级信息素养和终身学习研讨会，发表《信息社会灯塔：关于信息素养和终身学习的亚历山大宣言》。亚历山大宣言提出：信息素养和终身学习是信息社会的灯塔，照亮了通向发展、繁荣和自由之路。信息素养是终身学习的核心，它能使人们在整个一生中有效地寻求、评价、利用和创造信息，以便达到其个人的、社会的、职业的和教育的目标。良好的信息素养有利于突破时空限制，促进教育资源和教育机会的公平化，有利于发现更好的学习方法，更优质的学习资源，更实用的学习工具，能够形成一种"获取信息，终身学习"的意识。良好的信息素养帮助我们从获取和利用信息的角度解决遇到的问题，而解决问题的过程也是知识体系和能力体系重构的过程。知识体系和能力体系的重构就是终身学习。因此信息素养和终身学习是两个相辅相成的概念，信息素养是终身学习的核心，终身学习的理念也蕴含在信息素养的概念中。

1.2.2 信息素养与21世纪核心素养

为了帮助公民更好地应对时代变化、适应新时代发展，20世纪末和21世纪初，很多世界、区域组织和国家及地区先后发布21世纪核心素养框架。受世界教育创新峰会委托，北京师范大学中国教育创新研究院在2015年对5个国际组织和24个国家或地区发布的21世纪核心素养框架进行综合研究和比较分析，并于2016年6月3日发布《面向未来：21世纪核心素养教育的全球经验》研究报告。报告将29个素养框架中的相关内容归纳为两大类18项素养（图1-1），大体反映了全球范围内不同组织或经济体的政策制定者对未来公民所应具备的核心素养的基本判断和整体把握。18项素养中，有七大素养为各国际组织和经济体高度重视，可谓核心素养中的核心，包括沟通与合作、创造性与问题解决、信息素养、自我认识与自我调控、批判性思维、学会学习与终身学习。"信息素养"出现的频次仅次于"沟通与合作"，与"创造性与问题解决"并列第二位。

报告还对各素养在不同收入水平经济体中的分布状况进行了分析（图1-2），发现高收入经济体和中等及以下收入经济体所关注的核心素养不完全一样。高收入经济体关注度最高的三个素养是"信息素养""创造性与问题解决""自我认知与自我调控",中等级以下收入经济体最关注"学会学习与终身学习素养",而"沟通与合作素养"为各个经济体普遍关注。

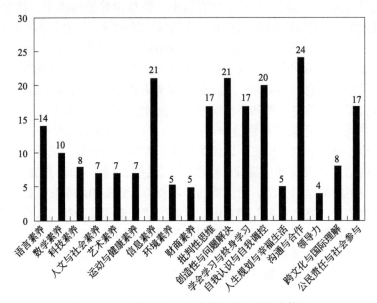

图1-1　18项素养在29个素养框架中的收录情况

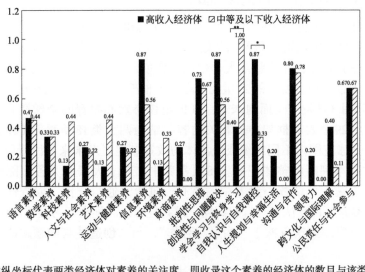

(图中纵坐标代表两类经济体对素养的关注度,即收录这个素养的经济体的数目与该类经济体个数的比值。"*"代表统计检验的显著性水平为$P<0.05$,"**"代表统计检验的显著性水平为$P<0.01$)

图1-2　不同收入水平经济体对核心素养关注度的对比图

1.3 信息素养的组成要素

信息素养主要有过程维度和结构维度两种划分方式。解决信息问题的过程维度包括信息获取、信息评价、信息创造、信息交流等,并关注各个维度的信息意识和信息伦理方面。结构维度主要包括信息意识、信息知识、信息应用能力、信息伦理、信息安全五部分。过程维度较完整地阐释了信息素养的内涵及结构,并将信息素养应达到的目标、指标和具体实现的途径联结起来。在网络发展的不同阶段,以信息素养过程维度为基础的信息素养框架不断重构。我国教育部于2021年发布的《高等学校数字校园建设规范(试行)》(以下简称《规范》),从促进高等学校数字校园建设与运行的角度对高校师生员工的信息素养提出要求,从信息意识、信息知识、信息应用能力、信息伦理与安全四个方面对信息素养组成要素进行规定,并用28个条目对四个方面进行具体描述。具体如下:

1.3.1 信息意识

高等学校师生员工的信息意识包括:

(1)具有对信息真伪性、实用性、及时性辨别的意识。
(2)根据信息价值合理分配自己的注意力。
(3)具有利用信息技术解决自身学习生活中出现的问题意识。
(4)具有发现并挖掘信息技术及信息在教学、学习、工作和生活中的作用与价值的意识。
(5)具有积极利用信息和信息技术对教学和学习进行优化与创新,实现个人可持续发展的意识。
(6)能够意识到信息技术在教学和学习中应用的限制性条件。
(7)具有勇于面对、积极克服信息化教学和学习中的困难的意识。
(8)具有积极学习新的信息技术,以提升自身信息认知水平的意识。

1.3.2 信息知识

高等学校师生员工的信息知识包括:

(1)了解信息科学与技术的相关概念与基本理论知识。
(2)了解当前信息技术的发展进程、应用现状及发展趋势。
(3)了解信息安全和信息产权的基础知识。
(4)掌握学科领域中信息化教学、学习、科研等相关设备、系统、软件的使用方法。

（5）了解寻求信息专家（如图书馆员、信息化技术支持人员等）指导的渠道。

1.3.3　信息应用能力

高等学校师生员工的信息应用能力包括：

（1）能够选择合适的查询工具和检索策略获取所需信息，并甄别检索结果的全面性、准确性和学术价值。

（2）能够结合自身需求，有效组织、加工和整合信息，解决教学、学习、工作和生活中的问题。

（3）能够使用信息工具将获取的信息和数据进行分类、组织和保存，建立个人资源库。

（4）能够评价、筛选信息，并将选择的信息进行分析归纳、抽象概括，融入自身的知识体系中。

（5）能够根据教学和学习需求，合理选择并灵活调整教学和学习策略。

（6）具备创新创造能力，能够发现和提炼新的教学模式、学习方式和研究问题。

（7）能够基于现实条件，积极创造、改进、发布和完善信息。

（8）能够合理选择在不同场合或环境中交流与分享信息的方式。

（9）具备良好的表达能力，能够准确表达和交流信息。

1.3.4　信息伦理与安全

高等学校师生员工的信息伦理与安全素养包括：

（1）尊重知识，崇尚创新，认同信息劳动的价值。

（2）不浏览和传播虚假消息和有害信息。

（3）信息利用及生产过程中，尊重和保护知识产权，遵守学术规范，杜绝学术不端。

（4）信息利用及生产过程中，注意保护个人和他人隐私信息。

（5）掌握信息安全技能，防范计算机病毒和黑客等攻击。

（6）对重要信息数据进行定期备份。

1.4　信息素养的评估标准

1998年，全美图书馆协会（AASL）和美国教育传播与技术协会（AECT）在其出版的《信息能力：创建信息的伙伴》中首次从信息素质、独立学习和社会责任三个层面给出了评价信息素养的9项标准。1999年，英国高校与图书馆协会（SCONUL）颁布《高等教育信息技能：SCONUL立场文件》，其中由7项一级指标和17项二级指标组成"英国高等教育信息素质能力标准"。2000年，美国大学与研究图书馆协会（ACRL）制定了《美国高等教育信息素质能力标准》，这也是当时所有信息素养能力评估标准中最为著名、使用最为广泛的一个体系。ACRL标准发布的同年10月，澳大利亚图书馆协会（CAUL）在堪培拉会议上通过了其修改案《国家信息素养标准》作为通行标准；2001年，澳大利亚与新西兰高校信息素养联合工作组（ANZIIL）推出了《澳大利亚与新西兰信息素养框架：原则、标准及实践》（以下简称《框架》），并在2004年结合实践反馈结果与研讨会意见正式发布了《框架》2004年版，这一标准体系由6个一级指标、19个二级指标及67个三级指标组成，是两国高校开展信息素养教育的指导性文件，也即现行的ANZIIL标准。相比之下，我国在信息素养评估方面还有很大差距，至今还没有权威、统一的信息素养评估标准，也没有开展全国性的信息素养评估项目。

1.4.1 美国高等教育信息素养能力标准

2000年，美国大学与研究图书馆协会标准委员会颁布《高等教育信息素养能力标准》（以下简称《标准》），包括5项能力指标，22个表现指标，87个成果指标（表1-1）。《标准》的发布，在全球范围内掀起了信息素养研究的热潮。虽然ACRL后续还相继发布了一系列学科信息素养标准，如2006年的《科学、工程与技术领域信息素养标准》、2007年的《英美文学专业研究能力指南》、2008年的《人类学与社会学学生信息素养标准》和《政治学专业研究能力指南》、2010年的《心理学信息素养标准》，这些学科信息素养标准都以《标准》为基础。《标准》对于信息素养评价领域具有里程碑意义，其也是高等教育界和图书馆界最有影响力的文件之一。

表1-1 《高等教育信息素养能力标准》一、二级指标

能力指标	表现指标
具有信息素养的学生应能确定所需信息的性质和范围	能清晰详细地表达信息需求
	能确定多种类型和格式的可能的信息源
	能考虑到获取信息的成本和收益
	能重新评估所需信息的性质和范围

续表

能力指标	表现指标
能有效和高效地获取信息	能选择适当的研究方法或信息检索手段获取信息
	能构建和实施基于有效性的信息检索策略
	能联机检索信息或亲自使用各种方法
	能调整信息检索策略
	能摘要、存档和管理信息和信息源
能批判性地评估信息和信息源，将新的信息综合到现有的知识体系和价值观中	能综述所收集信息的主要思想和观点
	能清晰明白地说明初始评价标准，并对信息和信息源进行评价
	能综合主要思想和观点完善新概念
	能比较新旧知识的差异和联系，确定新信息新增的涵义和其它特征
	能确定新知识是否对个人价值观产生影响，并逐步和解冲突
	能通过与专家或他人谈论，验证对信息的理解和解释是否正确
	能确定是否修正初始的观点
能独立或作为团队的一员高效地利用信息，实现一个明确的目标	能运用新旧信息计划或创建一个特别的成果或某项工作
	能修正原先制定的工作程序
	能高效地与他人沟通，实现目标
能理解信息使用上的经济、法律和社会道德的问题，在伦理上和法律上是可行的	能理解信息和信息技术上的伦理、法律和社会经济问题
	能依照相关的法律、法规、制度和礼仪使用信息
	能对工作中使用的信息情况进行肯定和致谢

1.4.2 美国高等教育信息素养框架

2015年2月，美国大学与研究图书馆协会颁布美国《高等教育信息素养框架》（以下简称《框架》），取代已经发布15年的《高等教育信息素养能力标准》。《框架》结合当时更加复杂的信息环境，站在高等教育发展的角度，引入"元素养"概念，对信息素养进行新的解构与定义，还引入教育学中的"阈概念"用以界定信息素养教育的核心内容。《框架》特意使用了"框架"（Framework）一词，因为它是基于一个互相关联的核心概念的集合，可供灵活选择实施，而不是一套标准，或者是一些学习成果或既定技能的列举。《框架》按六个框架要素（Frame）编排，每一个要素都包括一个信息素养的核心概念、一组知识技能，以及一组行为方式。

1. 权威的构建性与情境性

信息资源反映了创建者的专业水平和可信度，人们基于信息需求和使用情境对其进行评估。权威性的构建取决于不同团体对不同类型权威的认可。权威性适应于一定的情境，因为信息需求有助于决定所需的权威水平。

1）知识技能

提高个人信息素养能力的学习者应当：

（1）明确权威的类型，例如，学科专业知识（如学术成就）、社会地位（如公职或头衔），或特殊经历（如参与某个历史事件）。

（2）使用研究工具和权威指标来判定信息源的可信度，了解可能影响这种可信度的因素。

（3）明白在很多学科领域，知名学者和著名出版物被视作权威，并被普遍作为标准。即便在这些情况下，一些学者仍将挑战这些信息源的权威性。

（4）认识到权威的内容可以被正式或非正式地包装，并且其来源可能包括所有媒介类型。

（5）确认自己正在一个特定的领域形成自己的权威观点，并清楚为此所需承担的责任，包括追求精确度和可靠性，尊重知识产权，以及参与团体实践。

（6）理解由于权威人士积极互联，以及信息源随时间而不断发展，信息生态系统也在日益社会化。

2）行为方式

提高个人信息素养能力的学习者应当：

（1）在遇到不同的甚至相互冲突的观点时，形成并保持开放的思维；

（2）激励自己找到权威信息源，明白权威可以被授予或通过意想不到的方式表现出来；

（3）逐步明白对内容做客观评估的重要性，评估时需持有批评精神，并对自己的偏见和世界观保持清醒认识；

（4）质疑推崇权威的传统观念，并认可多元观点和世界观的价值；

（5）意识到维持这些态度和行为需要经常进行自我评价。

2. 信息创建的过程性

任何形式的信息都是为了传递某个消息而生成，并通过特定的传送方式实现共享。研究、创造、修改和传播信息的迭代过程不同，最终的信息产品也会有差异。

1）知识技能

提高个人信息素养能力的学习者应当：

（1）可以阐明不同创造过程所产生的信息的功能和局限性；

（2）评估信息产品的创造过程与特定信息需求之间的匹配程度；

（3）可以清楚说明，在一个特定学科中，信息创造与传播的传统和新兴的过程；

（4）认识到可能因为包装形式不同，信息给人的感觉也会有差异；

（5）判断信息形式所隐含的是静态还是动态信息；

（6）特别关注在不同背景下各类信息产品所被赋予的价值；

（7）将对信息产品的优势和局限性的认识运用到新类型的信息产品中；

（8）在自己创造信息的过程中形成一种认识，即自己的选择将影响该信息产品的使用目的及其所传达的消息。

2）行为方式

提高个人信息素养能力的学习者应当：

（1）力图找出能体现所隐含创造过程的信息产品特性；

（2）重视将信息需求与适当产品相匹配的过程；

（3）承认信息的创造最初可能始于一系列不同形式或模式的交流；

（4）承认以新兴格式或模式表达的信息所拥有潜在价值的模糊性；

（5）抵制将信息形式等同于其所隐含的创造过程的倾向；

（6）知道因不同目的而产生的不同信息传播方式可供利用。

3. 信息的价值属性

信息拥有多方面的价值，它可以是商品、教育手段、影响方式以及谈判和认知世界的途径。法律和社会经济利益影响信息的产生和传播。

1）知识技能

提高个人信息素养能力的学习者应当：

（1）恰当地注明出处和引用，表达对他人原创观点的尊重；

（2）明白知识产权是法律和社会的共同产物，随着文化背景的不同而有差异；

（3）可以清楚地说明版权、正当使用、开放获取和公共领域的用途及其显著特征；

（4）明白在信息产生和传播系统中，一些个人或群体是如何以及为什么被忽视或排斥的；

（5）认识到获取或缺乏获取信息源的问题；

（6）判断信息发布的途径和方式；

（7）明白个人信息商品化和在线互动如何影响个人获取到的信息，以及个人在线生成或传播的信息；

（8）在线活动中，对个人隐私和个人信息商业化的问题保持高度清醒的认识，并做出明智选择。

2）行为方式

提高个人信息素养能力的学习者应当：

（1）尊重他人的原创；

（2）重视知识创造所需的技能、时间和努力；

（3）将自身定位为信息市场的贡献者而非单纯的消费者；

（4）注意审视自身的信息倾向性。

4. 探究式研究

在任何领域，研究都永无止境，它依赖于越来越复杂的或新的问题的提出，而获得的答案反过来又会衍生出更多问题或探究思路。

1）知识技能

提高个人信息素养能力的学习者应当：

（1）基于信息空白或针对已存在的，但可能存在争议的信息来制定研究问题；

（2）确立合适的调研范围；

（3）通过将复杂问题分解为简单问题、限定调研范围来处理复杂的研究；

（4）根据需求、环境条件和探究类型使用多种研究方法；

（5）密切关注收集到的信息，评估缺口或薄弱环节；

（6）以有意义的方式组织信息；

（7）对多渠道获取的观点进行综合；

（8）通过信息分析和演绎得出合理结论。

2）行为方式

提高个人信息素养能力的学习者应当：

（1）视研究为开放式探索和信息研究过程；

（2）明白一个问题也许看起来很简单，但仍可能对研究很重要或具有颠覆性和重要性；

（3）重视问题发现和新调研方法学习过程中的求知欲；

（4）保持开放思想和批判态度；

（5）重视持久性、适应性和灵活性，明白模糊性对研究过程是有益的；

（6）在信息收集和评估过程中寻求多维视角；

（7）如有需要可寻求适当帮助；

（8）在收集和使用信息过程中要遵守道德和法律准则；

（9）展现学识上的虚心（例如，承认个人知识或经验的局限）。

5. 对话式学术研究

由于视角和理解各异，不同的学者、研究人员或专业人士团体会不断地带着新见解和新发现参与持续的学术对话中。

1）知识技能

提高个人信息素养能力的学习者应当：

（1）在自己的信息产品中引用他人有贡献的成果；

（2）在适当的层面为学术对话做出贡献，例如本地的网络社区、引导式讨论、本科生学术刊物、会议报告／海报环节；

（3）识别通过各种途径加入学术对话的障碍；

（4）理性评判他人在参与式信息环境中所做的贡献；

（5）鉴别特定文章、书籍和其它学术作品对学科知识所做的贡献；

（6）对具体学科中特定主题的学术观点变化进行总结；

（7）明白指定的学术作品可能并不代表唯一的观点，甚至也不是多数人的观点。

2）行为方式

提高个人信息素养能力的学习者应当：

（1）清楚自己参与的是正在进行的学术对话，而不是已结束的对话；

（2）找出自己研究领域内正在进行的对话；

（3）将自己视为学术的贡献者而不仅是消费者；

（4）明白学术对话发生在各种场合；

（5）在更好的理解学术对话大背景之前，不对某一具体学术作品的价值进行判断；

（6）明白只要参与对话就要担负相应的责任；

（7）重视用户生成内容的价值，并评价他人的贡献；

（8）明白体制偏爱权威，而由于语言表达不流畅以及不熟悉学科流程会削弱学习者参与和深入对话的能力。

6. 战略探索式检索

信息检索往往是非线性并且迭代反复的，需要对广泛的信息源进行评估，并随着新认识的形成，灵活寻求其它途径。

1）知识技能

提高个人信息素养能力的学习者应当：

（1）确定满足信息需求任务的初步范围；

（2）确认关于某一话题的信息产生方，如学者、组织、政府及企业，并决定如何去获取信息；
（3）检索时运用发散（如头脑风暴）和收敛（如选择最佳信息源）思维；
（4）选择与信息需求和检索策略相匹配的检索工具；
（5）根据检索结果来设计和改进需求与检索策略；
（6）理解信息系统（如已记载信息的收集）的组织方式，以便获取相关信息；
（7）使用不同类型的检索语言（如控制词表、关键词、自然语言）；
（8）管理检索过程和结果。

2）行为方式

提高个人信息素养能力的学习者应当：

（1）展现出思维的灵活性和创造性；
（2）明白最初的检索尝试不一定可以得到充足的结果；
（3）认识到各种信息源在内容和形式上有很大的不同，并且其相关性和价值也会因需求和检索性质的不同而差异很大；
（4）寻求专家（例如图书馆员、研究人员和专业人士）的指导；
（5）明白浏览及其它偶然发现的信息收集方法的价值；
（6）坚持面对检索的挑战，并知道在拥有足够的信息时结束任务。

1.4.3 北京地区高校信息素质能力指标体系

清华大学图书馆与北京航空航天大学图书馆在2003年承担了北京高校图书馆学会为期两年（2003—2005年）的科研项目"北京地区高校信息素质能力示范性框架研究"，在北京地区高校信息素质教育研究会的配合下，完成了北京地区高校信息素质能力指标体系的设计。指标体系由7个一级指标（称为维度）、22个二级指标（称为指标）、75个三级指标（称为指标描述）构成，从信息意识、信息知识、信息能力、信息道德四个方面反映了对高校学生毕业时应具有的信息素质能力的要求。该指标体系是我国首个区域性信息素养能力指标体系。

1. 维度一

具备信息素质的学生能够了解信息以及信息素质能力在现代社会中的作用、价值与力量。

指标1.具备信息素质的学生具有强烈的信息意识。

指标描述：

（1）了解信息的基本知识；
（2）了解信息在学习、科研、工作、生活各方面产生的重要作用；

（3）认识到寻求信息是解决问题的重要途径之一。

指标2.具备信息素质的学生了解信息素质的内涵。

指标描述：

（1）了解信息素质是一种综合能力（信息素质是个体知道何时需要信息，并能够有效地获取、评价、利用信息的综合能力）；

（2）了解这种能力是开展学术研究必备的基础能力；

（3）了解这种能力是成为终身学习者必备的能力。

2. 维度二

具备信息素质的学生能够确定所需信息的性质与范围。

指标1.具备信息素质的学生能够识别不同的信息源并了解其特点。

指标描述：

（1）了解信息是如何生产、组织与传递的；

（2）认识不同类型的信息源（例如，图书、期刊、数据库、视听资料等），了解它们各自的特点；

（3）认识不同层次的信息源（例如，零次、一次、二次和三次信息），了解它们各自的特点；

（4）认识到内容雷同的信息可以在不同的信息源中出现（例如，许多会议论文同时发表在学术期刊上）；

（5）熟悉所在学科领域的主要信息源。

指标2.具备信息素质的学生能够明确地表达信息需求。

指标描述：

（1）分析信息需求，确定所需信息的学科范围、时间跨度等；

（2）在使用信息源的过程中增强对所需求信息的深入了解程度；

（3）通过与教师、图书馆员、合作者等人的讨论，进一步认识和了解信息的需求；

（4）用明确的语言表达信息需求，并能够归纳描述信息需求的关键词。

指标3.具备信息素质的学生能够考虑到影响信息获取的因素。

指标描述：

（1）确定所需信息的可获得性与所需要的费用（例如，有的信息是保密的，无法获取；有的信息需要支付馆际互借的费用）；

（2）确定搜集所需要的信息将付出的时间与精力；

（3）确定搜集所需要的信息和理解其内容是否需要应用新的语种和技能（例如，信息是以非中文/英文的语种表达信息内容的，要了解其内容，则需要先学习一门新的语言；或是理解信息内容需要应用到还未学过的学科知识）。

3. 维度三

具备信息素质的学生能够有效地获取所需要的信息。

指标1.具备信息素质的学生能够了解多种信息检索系统，并使用最恰当的信息检索系统进行信息检索。

指标描述：

（1）了解图书馆有哪些信息检索系统（例如，馆藏目录、电子期刊导航、跨库检索平台等），了解在每个信息检索系统中能够检索到哪些类型的信息（例如，检索到的信息是全文、文摘还是题录）；

（2）了解图书馆信息检索系统中常见的各种检索途径，并且能读懂信息检索系统显示的信息记录格式；

（3）理解索书号的含义，了解图书馆文献的排架是按照索书号顺序排列的；

（4）了解检索词中受控词（表）的基本知识与使用方法；

（5）能够在信息检索系统中找到"帮助"信息，并能有效地利用"帮助"；

（6）能够使用网络搜索引擎，掌握网络搜索引擎常用的检索技巧；

（7）了解网络搜索引擎的检索与图书馆提供的信息检索系统检索的共同点与差异；

（8）能够根据需求（查全或是查准）评价检索结果，确定检索是否要扩展到其它信息检索系统中。

指标2.具备信息素质的学生能够组织与实施有效的检索策略。

指标描述：

（1）正确选择检索途径，确定检索标识（例如，索书号、作者等）；

（2）综合应用自然语言、受控语言及其词表，确定检索词（例如，主题词、关键词、同义词和相关术语）；

（3）选择适合的用户检索界面（例如，数据库的基本检索、高级检索、专业检索等）；

（4）正确使用所选择的信息检索系统提供的检索功能（例如，布尔算符、截词符等）；

（5）能够根据需求（查全或是查准）评价检索结果、检索策略，确定是否需要修改检索策略。

指标3.具备信息素质的学生能够根据需要利用恰当的信息服务获取信息。

指标描述：

（1）了解图书馆能够提供的信息服务内容；

（2）能够利用图书馆的馆际互借、查新服务、虚拟咨询台、个性化服务（例如，MyLibrary）；

（3）能够了解与利用其它信息服务机构（例如，CALIS）提供的信息服务。

指标4.具备信息素质的学生能够关注常用的信息源与信息检索系统的变化。

指标描述：

（1）能够使用各种新知通报服务（alert / current awareness services）；

（2）能够订阅电子邮件服务和加入网络讨论组；

（3）习惯性关注常用的印刷型/电子型信息源。

4. 维度四

具备信息素质的学生能够正确地评价信息及其信息源，并且把选择的信息融入自身的知识体系中，重构新的知识体系。

指标1.具备信息素质的学生能够应用评价标准评价信息及其信息源。

指标描述：

（1）分析比较来自多个信息源的信息，评价其可信性、有效性、准确性、权威性、时效性；

（2）辨认信息中存在的偏见、欺诈与操纵；

（3）认识到信息中会隐含不同价值观与政治信仰（例如，不同价值观的作者对同一事件会有不同的描述）。

指标2.具备信息素质的学生能够将选择的信息融入自身的知识体系中，重构新的知识体系。

指标描述：

（1）能够从所搜集的信息中提取、概括主要观点与思想；

（2）通过与教师、专家、合作者、图书馆员的讨论来充分理解与解释检索到的信息；

（3）比较同一主题所检索到的不同观点，确定接受与否；

（4）综合主要观点形成新的概念；

（5）应用、借鉴、参考他人的工作成果，形成自己的知识、观点或方法。

5. 维度五

具备信息素质的学生能够有效地管理、组织与交流信息。

指标1.具备信息素质的学生能够有效地管理、组织信息。

指标描述：

（1）能够认识参考文献中对不同信息源的描述规律；

（2）能够按照要求的格式（例如，文后参考文献著录规则等），正确书写参考文献与脚注；

（3）能够采用不同的方法保存信息（例如，打印、存档、发送到个人电子信箱等）；

（4）能够利用某种信息管理方法管理所需信息，并能利用某种电子信息管理系统（例如，Refworks）。

指标2.具备信息素质的学生能够有效地与他人交流信息。

指标描述：

（1）选择最能支持交流目的的媒介、形式（例如，学术报告、小组讨论等），选择最适合的交流对象；

（2）能够利用多种信息技术手段和信息技术产品进行信息交流（例如，使用PowerPoint软件创建幻灯片、为研究项目建立网站、利用各种网络论坛等）；

（3）采用适合于交流对象的风格清楚地进行交流（例如，了解学术报告幻灯片的制作要点，了解如何撰写和发表印刷版或网络版的学术论文）；

（4）能够清楚地、有条理地进行口头表述与交流。

6. 维度六

具备信息素质的学生作为个人或群体的一员能够有效地利用信息来完成一项具体的任务。

指标1.具备信息素质的学生能够制定一个独立或与他人合作完成具体任务的计划。

指标2.具备信息素质的学生能够确定完成任务所需要的信息。

指标3.具备信息素质的学生能够通过讨论、交流等方式，将获得的信息应用到解决任务的过程中。

指标4.具备信息素质的学生能够提供某种形式的信息产品（例如，综述报告、学术论文、项目申请、项目汇报等）。

7. 维度七

具备信息素质的学生了解与信息检索、利用相关的法律、伦理和社会经济问题，能够合理、合法地检索和利用信息。

指标1.具备信息素质的学生了解与信息相关的伦理、法律和社会经济问题。

指标描述：

（1）了解在电子信息环境下存在的隐私与安全问题；

（2）能够分辨网络信息的无偿服务与有偿服务；

（3）了解言论自由的限度；

（4）了解知识产权与版权的基本知识。

指标2.具备信息素质的学生能够遵循在获得、存储、交流、利用信息过程中的法律和道德规范。

指标描述：

（1）尊重他人使用信息源的权利，不损害信息源（例如，保持所借阅图书的整洁）；

（2）了解图书馆的各种电子资源的合法使用范围，不恶意下载与非法使用；

（3）尊重他人的学术成果，不剽窃；在学术研究与交流时，能够正确引用他人的思想与成果（例如，正确书写文后参考文献）；

（4）合法使用有版权的文献。

1.5 高等院校信息素养教育

从20世纪90年代起，信息素养教育逐渐成为国内外高校图书馆的重要研究课题。信息素养教育强调在信息利用的学习过程中，通过信息能力的提高增强学生学习的主动性、批判性和反省意识，并通过信息技能和批判性思维的训练，来达到提高学习能力和解决问题能力的目的。这与高等教育目标相吻合，信息素养教育对高等教育质量提升具有重要的推进作用。

1.5.1 高校图书馆的信息素养教育职能

图书馆既是高校的文献信息资源中心，又有长期开展读者教育的基础，所以无论在国内还是国外，高校通常依托图书馆来开展信息素质教育。对于高校图书馆，信息素养教育是图书馆传统用户教育在信息社会中的发展与超越，传统用户教育重在教授图书馆馆藏的使用，这只是信息素养教育的一部分内容。信息素养教育最早以文献检索课形式出现。1981年10月教育部颁发的《中华人民共和国高等学校图书馆工作条例》，第一次以文件形式将文献检索课规定为高校图书馆的工作任务之一。1984年2月，教育部印发《关于在高等学校开设文献检索与利用课意见》通知，要求高等学校开设文献检索课，教授大学生如何利用图书馆，培养文献检索能力。2002年，教育部发布《普通高等学校图书馆规程（修订）》，在总则第三条明确规定，高等学校图书馆的5项主要任务之一，就是"开展信息素养教育，培养读者的信息意识和获取、利用文献信息的能力"；第四章第十七条"读者服务"中明确图书馆要"通过开设文献信息检索与利用课程以及其它多种手段进行信息素质教育"。该文件进一步明确了高校图书馆在开展信息素质教育中的重要地位和作用。2015年12月，教育部对2002年版《规程（修订）》进一步修订并发布《普通高等学校图书馆规程》，其中第三十一条提出"图书馆应重视开展信息素质教育，采用现代教育技术，加强信息素质课程体系建设，完善和创新新生培训、专题讲座的形式和内容"。开展信息素养教育是国家教育主管部门赋予图书馆的使命任务，也是图书馆立足资源中心优势，深化用户教育，服务人才培养和科学研究的重要体现。

1.5.2 国内高校图书馆开展信息素养教育现状

教育部发布的《高等学校数字校园建设规范（试行）》明确，高等学校应积极开展信息素养培养，融合线上与线下教育方式，不断拓展教育内容，开展以学分课程为主、嵌入式教学和培训讲座为辅、形式多样的信息素养教育活动，帮助用户不断提升利用信息及信息技术开展学习、研究和工作的能力。经过笔者实际网络调查和文献调研，国内很多高校都开展有形式多样的信息素养教育活动，特别是"双一流"高校开展信息素养教育时间更早、教学体系更加完备，信息素养教育水平走在全国高校的前列。整体上，国内高校图书馆信息素养教育呈现以下四个特点。

1. 教学内容有针对性

高校图书馆开展的信息素养教育内容由浅入深，针对不同层次教育对象，在教学内容安排上会有所侧重，综合考虑学生的基础水平和学习研究需求，有针对性地开展信息素养教育。面向大一、大二低年级本科生开展信息素养通识教育，重点讲授信息素养基础知识、馆藏资源与服务，帮助学生更好地利用图书馆；面向大三、大四高年级本科生开展信息素养专业教育，重点讲授数据库检索与利用、文献调研、学术论文写作等内容，助力专业学习；面向研究生开展科研素养、数据素养教育，重点讲授数据分析、知识产权、成果评价、学位论文写作、学术道德与学术规范等内容，助力科学研究；面向任职培训学生开展终身学习教育，教授工作、生活中必要的信息技能，利用信息技术助力个人职业发展和生活便利。

2. 培养途径丰富多样

随着互联网技术和新媒体技术的发展，信息素养教学由传统的线下教学转变为线上线下相结合的方式。相比线下教学，线上教学更加多元，慕课、微信、QQ、微博等媒体平台都成为信息素养的重要培养途径。特别是2020年以来，受新冠疫情的影响，线上教学成为主流，不少高校图书馆还将信息素养课程搬入直播间，图书馆老师变身网络主播在线上与讲座参与者互动。很多高校图书馆将课件、视频、案例、数据库指南等教学相关资源整合，专门搭建信息素养教育平台，为读者提供全方位的信息素养教育服务。随着移动阅读的普及，高校图书馆还通过微信公众号发布信息素养微视频，满足读者随时随地的学习需求。此外，不少高校和省（区域）图书馆行业组织会经常性地组织信息素养竞赛，通过比赛检验信息应用能力，促进信息素养提升。

3. 教学方式灵活多变

根据不同教育对象、教学目标和活动场景，信息素养教学方式有学分课程、专题讲座、定制培训、嵌入培训、微课、微视频等很多种形式。学分课程能够为读者提供更加系统的信息素养教育，42所"双一流"高校图书馆均开设有此类课程。针对某一主题的培训开展专题讲座，是目前高校图书馆开展信息素养教育最为普遍的方式。定制培训形式是开展针对性、个性化信息素养教育的主要形式。嵌入式培训主要是嵌入课堂或科研过程，是信息素养教育支持学科专业学习和科学研究的直接体现。微课、微视频多见于移动端，是泛在信息素养教育的主要形式。信息素养教学方法同样灵活多变，案例教学、项目教学、情景教学、任务驱动和现地教学等教学方法开始大范围使用，漫画、游戏等极具趣味性的教学方法也越来越多。

4. 师资队伍日趋完善

师资力量是保证信息素养教育质量的关键因素。很多高校图书馆抽调骨干力量，组建专门团队或部门负责信息素养教育工作。例如，同济大学图书馆2018年成立了信息素养教研部，成员包括1位副馆长、4位副研究馆员、3位馆员，平均教龄15年以上，教学经验非常丰富；北京大学图书馆组建了信息素养服务团队；兰州大学图书馆设立了信息素养教育服务中心。在充分利用馆内人力资源的同时，部分图书馆会邀请专业数据库培训师讲解数据库的检索使用，也会邀请知识产权领域的专家开展专题讲座，还会请具有某一专长的学生参与到用户技能培训中，这样不仅使图书馆的信息素养教学团队得到有益补充，而且提升了课程质量。

1.5.3 国内高校信息素养教育不足

国内高校信息素养教育实践虽已取得长足发展和显著进步，但同欧美发达国家院校相比，在教育理念认同和教育体系构建上还有许多不足之处，主要表现在三个方面。

1. 信息素养重要性尚未形成院校共识

对于信息素养的重要意义，国内高校图书馆界已经形成共识，国内高校信息素养教育实施也以图书馆为主力军。"双一流"高校对信息素养认识更为充分，教育体系构建较为完善。更多院校主管部门对信息素养仍重视不够，在师资队伍、资源建设、活动组织等方面支持力度不够，出现信息素养教师队伍结构老化、教育平台资源更新不及时、教育效果不理想等问题。部分专业课教师对信息素养重要性认识不足，与信息素养教师配合不够，导致嵌入式信息素养教学效果不及预期，影响教学推广。由于信息素养教育大环境尚未形成，图书馆老师开展信息素养教育更多停留在文献检索、信息工具使用、学术道德规范等信息知识讲授层面，对于信息意识、信息能力培养缺少氛围的熏陶和实践的检验提升。

2. 信息素养教育未有效融入专业学习

目前很多高校图书馆开展的嵌入式信息素养课程教学仍处于探索阶段，主要形式是按照专业课教师的要求或专业教学的需要提出预约，由馆员讲授相关信息素养内容。极少院校有将信息素养教学与专业课教学统一纳入教学计划中，由专业教师和馆员共同制定教学方案。信息素养教育内容与专业学习内容相对分离，未能有机结合起来助力大学生专业学习。究其原因，要更好地发挥嵌入式教学的优势，对图书馆馆员的综合素质要求比较高，不仅要具备一定的信息检索素养，还要具备一定的学科或专业素养；图书馆员还要与专业教师经常沟通，让专业教师了解信息素养教育内容，认同信息素养教育理念，并通过专业教师了解不同专业、不同学习阶段的学生信息需求，才能在教学过程中与专业教师更好合作，提供有针对性的信息服务，提升教学效果。

3. 缺少认可度高的权威评估指标体系

高校信息素养评估标准是高校信息素养教学的目标、信息素养评估的依据，是建立高校系统化信息素养教学体系的基础。在图书馆领域有很多国内学者围绕信息素养评估标准进行研究，提出很多版本的评估指标体系，但这只停留在学术层面。北京高校图书馆学会、教育部高等学校图书情报工作指导委员会信息素质教育工作组、中国科学技术信息研究所等组织先后发布高校学生信息素质指标体系，但由于这些发布单位为社团组织或研究机构，不具备权威性，其指标体系未得到广泛应用和推广。2018年，教育部高校图书情报工作指导委员会信息素养教育工作组发布《关于进一步加强高等学校信息素养教育的指导意见》，指出"信息素养教育评估是高等学校实施信息素养教育过程中的重要环节，应该根据办学目标和学科特点，拟定不同的评估方法和实施策略"。但是全国性的、引领性的权威评估标准缺位直接影响信息素养教育的推广普及和水平提升。

1.5.4 促进国内高校信息素养教育发展的思考与对策

1. 注重信息素养教育氛围的营造

像研究生教育一样，高校信息素养教育也需要一个良好的校园氛围，只有这样才能切实提升教育效果。为此，教学主体和相关教学管理保障部门都应积极参与到氛围营造工作中。学校在制订规划计划和人才培养方案时应将开展信息素养教育提升大学生信息素养和学术能力作为一项内容鲜明提出；教学主管部门应将信息素养竞赛作为学校年度例行开展的重要活动，鼓励引导广大教师、学生积极参与，通过比赛检验信息素养水平，提升学习动力；数字校园保障部门应加强信息化网络及平台建设，方便大学生随时随地访问信息资源；图书馆作为信息素养教育主力军，更应主动作为，将探究精神、批判思维、终身学习等最新教育理念融入到教育实践中，系统性、有针对性地提升学生的综合信息素养和学术利用水平。

2. 加强信息素养教学团队的建设

教师是大学生信息素养的播种者，在信息素养教育体系中处于关键核心位置。信息素养教学团队的综合水平直接影响着信息素养教学水平。图书馆员作为专职信息素养教学团队成员应具有良好的知识创新意识和教书育人使命意识，不断完善自身知识结构，及时吸收借鉴最新信息素养教学内容，综合运用情境式、案例式、探究式、游戏闯关式等多种教学模式，提高教学效果。在设计教学内容时，可以引导学生去探索不同信息的创建过程，理解信息的形成过程，从而有效评价信息，减少非理性信息行为，强化大学生信息价值观培塑。图书馆员还应与专业课教师合作建立教学团队，两者加强沟通，增进对彼此教学内容教学理念的理解把握，既能提升专业课教师的信息素养，也能提升嵌入式信息素养课程教学效果。

3. 丰富信息素养教育资源与平台

信息素养是终身学习的核心。信息素养课程或者专题讲座属于阶段性教育，不能伴随研究生学习全过程，而信息素养平台资源特别是移动端资源可以满足大学生随时随地学习以及长期学习的需求。围绕信息素养的概念内涵、基本理论以及学习、工作、生活中常用的信息检索、管理、展示、交流工具等，系统收集相关图书、期刊、案例、操作指南、慕课等文献资源，加工整理成当代学生乐于接受的多媒体形式，例如短视频、动画、闯关游戏等。将这些资源整合到高校图书馆统一的平台或专栏中，方便用户查阅学习。同时顺应作为数字土著的当代大学生网络使用习惯，借助微信、微博、B站和抖音等新媒体宣传推广资源与平台，打造图书馆信息素养资源服务品牌。

4. 建立普适度高的信息素养框架

信息素养评估指标体系是高校开展信息素养教育的指导性文件，也是评估大学生信息素养水平的重要依据。美国大学与研究图书馆协会先后发布高等教育信息素养能力标准、信息素养框架，各高校和图书馆依据标准框架先后实施了很多信息素养评估项目，检验在校研究生的信息素养与学术利用水平，了解在哪些方面做得比较好，在哪些方面还有所欠缺，为高校后续的信息素养课程教学提供参考，指引方向。近年来，国内高校信息素养教育实践取得显著发展，而大学生的信息素养整体水平到底如何却不得而知。因此，我国急需制定一套普适度高的全国性大学生信息素养框架，并以此为基础开展大规模的大学生信息素养评估实测，以准确评估学生的信息素养发展水平，并根据评估情况适时优化信息素养教学内容、教学方法。

第2章

中文学术论文数据库检索与利用

2.1 学术数据库

获取学术论文有多种途径，学术论文数据库是其中比较重要的一个。与计算机专业当中的数据库的概念不同，学术论文数据库是一个存储学术信息资源的计算机系统。早期的学术论文数据库有光盘版、局域网版、镜像版，现在大多数学术论文数据库是可以通过互联网访问的网站。

2.1.1 学术数据库概念

学术数据库指的是存储论文等学术信息资源系统。在这些系统中，大量期刊、会议、学位论文、研究报告、成果等学术类信息资源经过数字化处理、标引、存储，并提供检索、分析、阅览、下载等个性化服务。

2.1.2 学术数据库的特点

学术数据库具有以下四个特点：

（1）文献规模较大。收录文献的规模是衡量学术数据库优劣的一个重要指标，所以各大学术数据库都力求收录尽可能多的学术文献。例如中国知网基本上收录了全部公开出版的中文学术期刊论文的全文；维普中文期刊数据库虽然没有把中文学术期刊全文收齐，但中文期刊的题录数据基本都能检索到，而且还收集了很多内部发行或发行范围较小的期刊内容；有些数据库直接在检索页面上标注"独家出版"，表示它享有该论文的独家网络出版权。

（2）更新及时。学术论文数据库一般密切关注收录范围内信息源的内容变动并及时更新，有些学术数据库的文献更新甚至早于纸质文献的出版，例如在中国知网中，检索结果页面常常可以看到有"网络首发""录用定稿"等标志的论文，其实就是早于印刷版的文献。

（3）便于检索。现在大多数学术数据库都提供丰富且人性化的检索功能。既有简洁易用的一站式检索，也有功能强大的高级检索；既有图形化的检索界面，也支持用表达式实现检索意图的专业检索；既提供各种各样的检索点或检索字段，又支持布尔检索、截词检索、精确匹配等检索技术。

（4）提供分析管理功能。对检索结果的分析和管理是学术数据库的重要功能。现在越来越多的学术数据库提供排序、分组、题录导出、检索报告生成、发文量统计、贡献分析、聚类分析等各种分析管理功能。

2.1.3 学术数据库的种类

学术数据库依照不同的标准可以划分为不同的类型。

（1）依据收录文献类型不同，学术数据库可以分为期刊论文数据库、学位论文数据库和会议论文数据库等。有些数据库则属于综合类的学术数据库。例如中国知网、万方等，收录的文献除了期刊论文、会议论文、学位论文等学术论文资源，还包括其它科技报告、科技成果等一些学术类的信息资源。

（2）依据文献的语种不同，学术数据库可以分为中文数据库和外文数据库。常见的中文数据库包括中国知网、万方、维普等，常见的外文数据库包括Web of Science、Springer、ScienceDirect、EBSCO等。

（3）依据是否提供学术资源全文，学术数据库可以分为全文数据库和题录索引数据库。有些数据库就提供全文阅览和下载服务，如中国知网、万方、维普等；有些只能提供题录数据，如Web of Science、SCOPUS等。有些数据库尽管可以查到很多题录，但只提供部分全文。可能的原因有该数据库本来就没有把全文收录完整，或是用户只购买了部分文献的全文。

（4）依据是否收费，学术论文数据库可以分为商业数据库和免费数据库。在商业数据库中，有些是完全免费的，有些属于半收费性质，如中国知网、万方、维普等，检索功能完全免费，需要获取全文的时候才需要付费；而ScienceDirect等一些数据库除检索免费外，其中的部分论文的（Open Access开放获取）全文也免费，只是要获取其它论文的全文，需要付费。还有一部分数据库是完全免费的，例如预印本系统。

2.1.4 学术数据库的访问权限

对于免费的学术论文数据以及商业学术论文数据库的免费功能，访问基本没有什么限制，只要能访问互联网即可使用，需要考虑访问权限的主要是商业数据库的收费问题。

商业数据库的收费方式主要有两种：一种是直接向个人收费，另一种是向集团用户收费。以中国知网为例，用户可以购买中国知网的充值卡进行付费下载。

不过更多的情形是图书馆集中采购中国知网的访问权限，符合条件的图书馆用户可以免费使用其所购买的数字资源。

图书馆购物集中购买以后，向用户授权的方式主要有以下几种：一是指定网络IP地址范围，在这个范围一般是校园网内，用户可以免费使用；二是身份认证，用学号等信息认证后，通过手机APP可以免费使用图书馆购买的资源；三是账号登录，通过图书馆提供的数据库登录账号，在校外使用；四是利用VPN（虚拟专用网络），用户在校外登录VPN以后即可使用。

2.2 中文三大学术论文数据库

中国知网、万方、维普是三个国内比较常用的中文学术数据库。其中，维普是中文期刊论文数据库。中国知网和万方属于综合性学术数据库，其中包含期刊论文数据库、学位论文数据库和会议论文数据库等。

2.2.1 中国知网（CNKI）

1998年，世界银行提出"国家知识基础设施"（National Knowledge Infrastructure，NKI）"的概念。中国知识基础设施工程（China National Knowledge Infrastructure，CNKI）是以实现全社会知识资源传播共享与增值利用为目标的信息化建设项目，由清华大学、清华同方1999年6月发起，现已建成了世界上全文信息量规模最大的"CNKI数字图书馆"，收入的文献涵盖期刊论文、学位论文、会议论文、专利文献、标准文献、科技成果、电子报纸、统计年鉴、工具书等诸多类型。尽管是一个商业数据库，但中国知网的检索功能是免费开放的，通过互联网登录知网的网站即可免费检索，知网的访问地址是https://www.cnki.net。

在知网中，既可以用好学易用的一框式检索，也可以用高级检索、专业检索、作者发文检索、句子检索、知识元检索、引文检索等功能强大的检索方式。

知网的期刊论文和会议论文可以在线阅览，也可以下载全文。全文的文件格式有两种，分别是PDF和CAJ。知网收录的学位论文没有提供PDF全文格式，下载的文件需要用知网专用的CAJ阅读器打开。

CNKI数据库的主要特点：

（1）海量数据的高度整合，集题录、文摘、全文文献信息于一体，实现一站式文献信息检索。

（2）设有包括全文检索在内的众多检索入口，用户可以通过某个检索入口进行初级检索，也可以运用布尔算符灵活组织检索提问式进行高级检索。

（3）具有引文连接功能，除了可以构建相关的知识网络外，还可用于个人、机构、论文、期刊等方面的计量与评价。

（4）全文信息完全数字化，通过免费下载的最先进的浏览器，可实现期刊论文原始版面结构与样式不失真的显示与打印。

1. 中国知网检索方式

中国知网提供快速检索、高级检索、专业检索、作者发文检索、句子检索、知识元检索、出版物检索、指数检索等多种检索入口，以下讲解其中8种常用检索方式。

1）检索方式一：快速检索

它是系统默认的检索方式，该检索类似搜索引擎，用户只需要输入检索词，点击搜索按钮就可查到相关的文献（图2-1）。和搜索引擎不同的是，CNKI的快速检索可以直接进行检索字段的切换。可以把系统默认的主题检索切换为关键词、篇名、作者、单位等，限定框内所填检索词的内容或者位置。

图2-1　CNKI快速检索

2）检索方式二：高级检索

点击快速检索页面检索框右边的"高级检索"，进入图2-2所示的高级检索界面。高级检索将检索过程规范为三个步骤：

（1）输入文献全文、篇名、主题、关键词等内容检索条件；

（2）勾选发表时间、基金文献等检索控制条件；

（3）对检索结果的分组排序，反复筛选并修正检索式以得到最终结果。

第2章 中文学术论文数据库检索与利用

图 2-2 CNKI 高级检索

高级检索基本步骤，以学术期刊类为例：

（1）选择检索项。在字段下拉框里选取要进行检索的字段。

（2）输入检索词。需要注意的是，输入的检索词不仅可以是单个检索词，还可以是用运算符连接的检索表达式。CNKI用加号、星号、减号和括号进行同一检索点下多个检索词的组合运算，其中加号、星号、减号分别表示或者、并且、非三种布尔逻辑关系。

（3）确定检索词之间的逻辑关系。在检索词文本框里输入检索词，检索词为检索字段中出现的检索词。当按相关度进行排列时，其出现的频率越高，数据的排序越靠前。然后，确定各检索词之间的逻辑关系，各检索词输入框之间设有逻辑运算符下拉框，有"并含""或含""不含"3个选项。

（4）期刊年限。目前，全文数据最早追溯至1915年，用户检索时可在1915年至当前年份任意限定。

（5）更新时间。其选项包括不限、最近一周、最近一月、最近半年、最近一年等。可限定更新时间的范围。

（6）选择期刊来源类别。其选项包括全部期刊、SCI来源期刊、EI来源期刊、核心期刊、CSSCI、CSCD。

（7）限定匹配方式。包括模糊匹配和精确匹配。模糊匹配是指不管词的位置怎样，只要出现该词即可；精确匹配是指只有整个字段与检索词相同才能匹配。不同检索点下"精确"和"模糊"的含义是有区别的。例如，在作者单位、期刊名称检索点下，"精确"指的是完全一致，"模糊"指的是包含关系；而在"篇名"检索点下，"精确"指的是不能拆分检索词，实际上是包含关系，"模糊"也是包含关系，但检索词是可以拆分的。

（8）点击"检索"按钮，查看检索结果。

（9）分组浏览。分组浏览有6个选项，分别是主题、发表年度、研究层次、作者、机构、基金，在检索结果页面可逐个点击查看。

（10）点排序方式。检索结果的排序方式有相关度、发表时间、被引、下载4个选项。每页显示的记录数：10条、20条或50条。

3）检索方式三：专业检索

使用逻辑运算符和关键词构造检索式进行检索，一般多用于图书情报专业人员查新、信息分析等工作，是一种专业指令来表达信息需求的方法（图2-3）。检索框右边有"专业检索使用方法"供检索者参考。因为使用专业逻辑检索表达式，能产生精准的逻辑检索效果，对于检索的内容定位非常精确。

需要说明的是，用表达式进行检索流行于20世纪80年代末90年代初，随着计算机图形化界面逐渐完善，以及互联网的普及，很多功能被图形化的界面替代，用得越来越少。

图2-3　CNKI专业检索

4）检索方式四：作者发文检索

作者发文检索是根据作者姓名、单位等信息查找作者发表的全部文献及被引和下载情况。通过作者发文检索不仅能找到某一作者发表的文献，还可以对检索结果进行分组筛选，全方位地了解该作者的主要研究领域、研究成果等情况（图2-4）。

5）检索方式五：句子检索

句子检索是通过用户输入的两个关键词，查找共同包含这两个词的句子或段落。由于句子中包含了大量事实信息，通过检索句子可以为用户提供有关事实的问题答案。可以在全文的同一段或者同一句话中进行检索。同句是指两个标点符号之间，同段是指五句之内。该检索方式通过为用户检索包含与这两个关键词相关句子，直接定位精准文献（图2-5）。

图2-4　CNKI作者发文检索

图2-5　CNKI句子检索

6）检索方式六：知识元检索

知识元是不可再分割的具有完备知识表达的知识单位。从类型上分，包括概念知识元、事实知识元和数值型知识元等。知识元是显性知识的最小可控单位。中国知网的知识元检索的原理是将文献库中的学术术语、概念、数字、图形、表格等这样的知识源元信息提取出来，为用户提供例如一个学术概念的定义，它的相关文献、统计数据以及图表等信息，目前支持百科、手册、工具书、图片、统计数据、指数等的单库检索（图2-6）。

图2-6　CNKI知识元检索

7）检索方式七：出版物检索

出版物检索又称出版来源导航检索，主要包括期刊、学位授予单位、会议、报纸、年鉴和工具书的导航系统。每个产品的导航体系根据各产品独有的特色设置不同的导航内容（图2-7）。

图2-7　CNKI出版物检索

每个产品的导航内容基本覆盖自然科学、工程技术、农业、哲学、医学、人文社会科学等各个领域，囊括了基础研究、工程技术、行业指导、党政工作、文化生活、科学普及等各种层次。

8）检索方式八：指数检索

指数检索是以CNKI海量数据为基础提供的数据分析服务。过去全部文献出版年、近10年、5年中，关于检索词的学术关注度（篇名包含此关键词的文献发文趋势）、媒体关注度（篇名包含此关键词的报纸文献发文趋势）、学术传播度（篇名包含此关键词的文献被引趋势）以及用户关注度（篇名包含此关键词的文献下载趋势）等情况（图2-8）。此外，指数图标下方还提供关于检索词的相关文献、学科分布、研究进展、机构分布等。可让检索者对自己感兴趣的内容有一个全方位、深度的认知，并且可以发现和跟踪当前的学术热点。

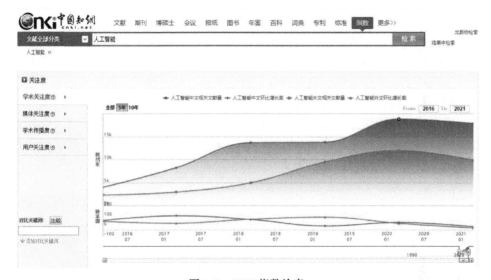

图2-8　CNKI指数检索

2. 中国知网检索结果处理

CNKI平台对检索结果有多种处理方式。

1）二次检索

如果执行一次检索后命中文献数量过多，可使用二次检索在检索结果范围内重新进行查找。点击"结果中检索"按钮可进行二次检索。

2）浏览结果

检索结果列表显示的信息有序号、篇名、作者、来源、发表时间、数据库、被引、下载、阅读、收藏等。点击一篇期刊文献篇名，可查看该条记录的详细内容，如作者、刊名、摘要、相似文摘、引文网络、关联作者、相关基金文献等。勾选多条记录再点击"批量下载"按钮，会同时下载多篇论文并打包成一个压缩文件。

3）下载保存

方法1：点击题名右边的"下载"按钮，在出现的"文件下载"窗口选择"保存文件"，确定保存路径后，点击"确定"即可。

方法2：点击题名，打开详细记录显示页面，点击"CAJ下载"或"PDF下载"，出现如方法1一样的对话框，其后操作同方法1。

方法3：打开文献全文进行浏览后，可使用CAJ浏览器提供的保存功能将文章下载。

2.2.2 万方

与CNKI类似，万方也是一个重要的学术数据库品牌，旗下有多个学术数据库。收录的文献以中文为主，包括期刊论文、学位论文、重要学术会议论文、专利、科技报告、科技成果、标准、法规、地方志等十余种资源类型，覆盖自然科学、工程技术、医药卫生、农业科学、哲学政法、社会科学、科教文艺等学科领域。网址是：https://www.wanfangdata.com.cn（图2-9）。

万方数据知识服务平台提供快速检索、高级检索、专业检索、作者发文检索等多种检索方式，检索功能完全开放，获取全文需要购买相应权限。购买后，在学术论文检索结果中可以下载全文。

图2-9 万方首页和快速检索

1. 万方检索方式

万方数据知识服务平台主要提供了基本检索、高级检索、专业检索、作者发

第2章 中文学术论文数据库检索与利用

文检索四种检索方式。

1)基本检索

基本检索为首页默认检索方式。可以选择""(双引号)进行精确匹配的限定,同时还可以在检索框中直接使用括号及布尔逻辑算符构建检索表达式。

2)高级检索

高级检索是在指定的范围内,通过增加检索条件来满足用户更加复杂的检索要求,从而检索到满意的信息。首页基本检索框右侧有高级检索链接。打开高级检索界面,可以对文献类型、检索字段、发表时间进行限制选择(图2-10)。

图2-10 万方高级检索

高级检索页面还提供智能检索功能。中英文扩展:基于中英文主题词典和机器翻译技术,扩展英文关键词检索;主题词扩展:基于超级主题词表,扩展同义词、下位词检索,都可辅助扩展检索词、扩大检索范围,从而获得更加全面的检索结果。

3)专业检索

万方数据库设置的专业检索比高级检索功能更强大,需要检索人员根据系统的检索语法编制检索式进行检索。

专业检索支持逻辑运算符、双引号以及特定符号的限定检索,可以使用图2-11所示的运算符构建检索表达式。

4)作者发文检索

在文献类型里点击"全部",可在期刊论文、学位论文、会议论文、专利、科技报告五种文献类型中查找某一位作者的发文情况。点击"清除"后,可在这五种文献类型里根据需要进行勾选。检索时可对发表时间进行限定。

图2-11　万方专业检索

5）资源导航

万方支持对学术期刊、学位论文、会议论文、科技报告、专利、标准、科技成果、法律法规8种文献类型进行导航检索。

2. 万方检索结果处理

万方学位论文检索系统的检索结果可按相关度、出版时间、被引频次排序，每页可显示20、30、50条记录。支持对检索结果进行二次检索。

1）二次检索

如果执行一次检索后命中文献数量过多，可使用二次检索在检索结果的范围内进行重新查找。在检索结果中对题名、作者、关键词、发表年限进行限定，提高检准率。

2）浏览检索结果

检索结果显示每条记录的题名、作者姓名、来源出版物信息等。点击题名，可查看详细信息，包括论文题名、关键词、作者、作者单位、摘要、基金、在线出版日期、参考文献等。检索结果页面还提供在线阅读和下载链接。全文浏览采用PDF浏览器。

2.2.3　维普

"中文期刊服务平台"是维普资讯有限公司最新推出的期刊资源型产品，它在中文科技期刊数据库的基础上，以数据质量和资源保障为产品核心，进行数据整理、信息挖掘、情报分析和数据对象化，充分发挥数据价值，完成了从"期刊文献库"到"期刊大数据"的升级。中文期刊服务平台兼具资源保障价值和知识情报价值。

目前,维普数据库收录了1989年至今的9600余种期刊,维普资讯中文期刊服务平台将所有文献分为5个学科专辑:医药卫生、工业技术、自然科学、农业科学、社会科学。使用维普检索论文是完全免费的,下载全文则需要权限。网址是:http://qikan.cqvip.com/。

1. 维普检索方式

维普资讯中文期刊服务平台提供4种检索方式:快速检索、高级检索、专业检索和期刊导航。每种检索方式又分别提供题名、刊名、关键词、作者、第一作者、作者机构、文摘、分类号、任意字段等检索入口(即检索途径)。在每种方式的检索结果里都可以进行二次检索。

1)快速检索

首页提供了类似搜索引擎的检索方式,只需要输入检索词,选择检索字段即可检索,维普资讯中文期刊服务平台快速检索提供了13个检索字段选择(图2-12)。快速检索检索框中输入的所有字符均被视为检索词,不支持任何逻辑运算,如果输入逻辑运算符,将被视为检索词或停用词进行处理。

图2-12　维普快速检索

2)高级检索

点击快速检索页面检索框右侧的"高级检索",进入图2-13所示的高级检索界面,检索基本步骤如下。

信息素养与学术利用

图2-13 维普高级检索

（1）在下方的"学科限定"处勾选查询范围。

进行操作前务必先选择所需主题目录，点击"全选"，则每个目录都被选择。若想在指定的学科内检索，则先点击"√"，清空所选，然后点击右边的">"，就会展开学科类目列表，可根据需要进行勾选，见图2-14。

图2-14 维普高级检索学科限定勾选列表

单击目录查看下一层的类目，按同样的步骤进行操作，直到找到要找的类目范围，点击左边的小方框，系统会在选取的类目范围前显示"√"。

（2）选择检索项。

在字段下拉框里选取要进行检索的字段，字段有任意字段、题名或关键词、题名、关键词、文摘、作者、第一作者、机构。

（3）输入检索词并确定检索词之间的逻辑关系。

在检索词文本框里输入检索词，有同义词扩展+功能，此功能将检索词的同义词添加到检索框,增加查全率。

关键词为检索字段中出现的关键词,当按相关度进行排列时,其出现的频率越高,数据的排序越靠前。

然后,确定各检索词之间的逻辑关系,各检索词输入框之间设有逻辑运算符下拉框,有"与""或""非"三个选项。

(4)时间限定。

目前,全文数据最早追溯至1989年,用户检索时可在收录起始年和当前年份之间任意限定。

(5)期刊范围。

选择期刊来源类别,其选项包括全部期刊、核心期刊、EI来源期刊、SCI来源期刊、CAS来源期刊、CSCD来源期刊、CSSCI来源期刊。

(6)限定匹配方式。

限定匹配方式包括模糊匹配和精确匹配。模糊匹配是指不管词的位置怎样,只要出现该词即可;精确匹配是指只有整个字段与检索词相同才能匹配。

(7)同义词扩展。

维普资讯中文服务平台提供了同义词扩展功能,使用这个功能可以提升查全率。输入检索词,系统会在弹出的同义词扩展窗口中给出几个同义词,可以根据需要进行勾选,如图2-15所示。

图2-15 维普高级检索同义词扩展

3）检索式检索

在高级检索界面点击检索式检索，可以在检索框中使用布尔逻辑运算符对多个检索词进行组配检索。执行检索前，还可以根据时间限定、期刊范围、学科限定等检索条件对检索范围进行限定。每次调整检索策略并执行检索后，均会在检索区下方生成一个新的检索结果列表，方便对多个检索策略的结果进行比对分析。可以根据界面提供的"查看更多规则"来辅助构建检索表达式。

4）期刊导航

登录"维普资讯中文期刊服务平台"首页，点击"期刊导航"，即可进入期刊检索页面，见图2-16。

图2-16 维普期刊导航检索

方法一：期刊检索。如果知道准确的刊名或ISSN号，在输入框中输入，点击搜索，即可进入期刊名列表页，点击刊名即可进入期刊内容页。

方法二：按字母顺序查。例如，点击字母A，即可列出以字母A为首字母的所有期刊的刊名。

方法三：按学科查。可根据学科分类来查找需要的期刊，点击下方的学科分类，即可列出该学科分类下的所有期刊的刊名。

2. 维普检索结果处理

1）检索结果文摘显示

检索结果页面默认的显示方式为"文摘显示"，内容包括文章的标题、文章前两位作者、文章出处（期刊名、出版年、卷、期、页码）、文章摘要，显示方式有"详细"或"列表"两种选择，见图2-17。

图2-17　维普检索结果页面

2）排序方式

检索结果的排列方式有相关度排序、被引量排序、时效性排序3个选项。每页显示的记录数：20条、50条、100条。

3）二次检索

在检索结果页面左边有题名、关键词、文摘、作者、刊名等检索入口，提供二次检索功能。除此之外，检索结果页面左侧的中下部，针对检索结果按年份、学科、期刊收录、主题、期刊、作者、机构分别提供相关分类统计数据。

4）单篇文章详细显示

点击文摘显示页面上的文章标题，可查看该篇文章的详细信息。该页面提供文章题录的全字段内容显示,提供全文下载的功能,提供引文网络、相关文献查看功能。

5)文章下载与保存

在检索结果页面上,点击文章对应的全文下载图标即可下载PDF格式的全文;在文章题录浏览页面上点击"下载PDF"图标,也可下载PDF格式的全文。在"文件下载"对话框中,执行"保存"操作,可以将全文保存到计算机中供以后查看。

第3章

外文学术数据库检索与利用

3.1 全文型与文摘索引型学术数据库

学术数据库依据是否提供论文全文，可以分为全文数据库和文摘索引型数据库。

3.1.1 全文型数据库

1. 全文型数据库含义

全文型数据库是指将文献全部文本存储并为用户提供检索服务的数据库。

全文型数据库以期刊论文、会议论文、政府出版物、研究报告、法律条文和案例、商业信息为主。全文型数据库免去了文献标引著录等加工环节，减少了数据组织中的人为因素，因此数据更新速度快，检索结果查准率更高；同时由于直接提供全文，也省去了找到原文的麻烦。

全文型数据库具有强大的检索功能，表现在它能够提供丰富的检索点，允许用户从信息载体的人名、地名、年代、关键词等多个角度进行单项检索或多项组配检索，甚至可对文本中任意字段进行检索。

2. 全文型数据库特点

与其它数据库相比，全文型数据库的主要特点如下：

（1）包含信息的原始性。库中信息基本上是未加工的原始文献，因而具有客观性。

（2）信息检索的彻底性。任何词、句、字皆可检索，还有可能看到某些边缘性信息。

（3）检索语言的自然性。可使用自然语言检索，并可使用布尔逻辑检索和位置检索，因而要涉及自然语言的理解。

（4）数据结构基本上是非结构化的。除了某些可规范的数据外，大量文本属于非结构化的，不便于关系数据库的处理。

（5）专业的全文型数据库系统一般都采用"自动切词"技术。

（6）好的全文型数据库还备有知识库，可具有推理能力和联想式检索。

（7）基本上是封闭性的，数据具有较大的稳定性。

（8）全文型数据库一般占用的存储空间非常庞大，系统开销大，如何提高检索速度是一大难题。

3.1.2 文摘索引型数据库

1. 文摘索引型数据库含义

文摘索引型数据库是报道、存储和查找单篇文献最有用的工具。它将单篇文献中具有检索意义的特征，如题名、主题、作者以及摘要等文献重要信息摘录出来，利用数据库技术加以组织管理，使文献资料信息由无序变为有序，并提供各种检索途径，以方便文献的查找和利用。

文摘索引型数据库可以依据自己的目的采集收集文献，具有更好的连续性和全面性。不少文摘索引型数据库因收录文章质量高而在学术界享有盛名，如CSSCI、人大复印资料数据库、SCIE、SSCI、EI等。

2. 文摘索引型数据库作用

（1）为科学研究提供支持。文摘索引型数据库可以提供大量的学术资源，为研究者提供了一个广阔的知识平台，包括近期的最新研究论文、重要会议论文、学位论文等。这些文献资源可以帮助研究人员掌握最新的研究动态和研究思路，促进科学研究的进一步发展。

（2）为教育和学习提供支持。文摘索引型数据库提供了包括期刊文章、会议论文、学位论文等丰富的学术资源，帮助学生和教师更好地开展课程设计、教学研究和学术论文写作等工作。通过数据库的使用，学生和教师可以获取最新、全面、可靠的信息资源，有助于提高教学质量和学习效果。

（3）促进跨学科交流与合作。文献数据库涵盖了广泛的学术领域，包括自然科学、社会科学、人文科学、医学、工程技术等多个领域的文献资源，这为不同领域的科研人员和学者之间的交流与合作提供了便利。通过查阅数据库，跨学科的研究人员可以获取到相关领域的最新资料，促进不同领域之间的交流合作，加速跨学科研究的发展。

（4）提高研究效率和准确性。在研究过程中，科研人员需要大量的信息资源进行分析研究，而文摘索引型数据库提供了高效的信息检索和筛选功能。借助数据库，科研人员可以迅速找到自己需要的资源，有针对性地收集和整理信息，并发现新的研究思路和发展方向，这提高了研究效率和准确性，缩短了研究周期，有助于推动研究成果的产生和推广。

3. 综合性文摘索引数据库特点

（1）收录文献范围广、数量大、语种多，文献类型齐全。

(2）收录文献出版形式多样，回溯年代长。
(3）检索功能完备，是查找全文文献的重要和必要线索。
(4）具有科研评价功能。

3.2 Web of Science平台

Web of Science（WOS）是全球知名学术出版机构科睿唯安（Clarivate Analytics）旗下的学术数据库，是综合性文献索引型数据库，收录了大量学术信息，并提供各种文献工具和分析服务。

Web of Science平台包括Web of Science核心合集、MEDLINE、Inspec等多个子库。其中Web of ScienceTM核心合集收录了12000多种世界权威的、高影响力的学术期刊，内容涵盖自然科学、工程技术、生物医学、社会科学、艺术与人文等领域。Web of Science核心合集还收录了论文中所引用的参考文献，并按照被引作者、出处和出版年代编制成索引。通过独特的引文检索，可以轻松地回溯某一研究文献的起源与历史，或者追踪其最新的进展。Web of Science核心合集包含了三大期刊引文索引数据库SCIE（Science Citation Index Expanded）、SSCI（Social Sciences Citation Index）、A&HCI（Arts&Humanities Citation Index）；两大国际会议录引文索引CPCI-S（Conference Proceedings CitationIndex-Science）、CPCI-SSH（Conference Proceedings CitationIndex-Social Sciences & Humanities）；展示重要新兴研究成果的Emerging Sources Citation Index（ESCI）以及图书引文索引Book Citation Index；两大化学信息数据库Index Chemicus®（检索新化合物）和Current Chemical Reactions®（检索新化学反应）。但能不能使用各个子库，以及数据回溯时间等则要看单位的购买情况。

Web of Science是一个索引数据库，收录的是文献的题录信息，不能直接获取全文，但一般会给出出版商处的全文获取链接。借助Web of Science旗下的Kopernio插件，能够提升找到PDF全文的效率和可能性。作为一个商业数据库，Web of Science不能免费使用。一般是单位（如学校图书馆）集中订购后，用户在指定网络IP地址范围内使用。

在Web of Science中，如果选择所有子库，系统提供基本检索、高级检索、被引参考文献检索、研究人员检索4种检索方式，如果只选择核心合集，还会增加化学结构检索。

3.2.1 Web of Science核心合集检索方式

Web of Science核心合集分为文献检索和研究人员检索两部分。其中文献检索提供了基本检索、被引参考文献检索、高级检索和研究人员检索4种检索方式。

1. 基本检索

基本检索（Basic Search）是Web of Science核心合集默认的检索方式，位置①提供了主题、标题、作者、出版物名称、地址等18个字段。位置②检索框之间可用布尔逻辑算符AND、OR、NOT进行组配，位置③检索框内的检索词除可用布尔逻辑算符进行组配外，还可以用位置算符SAME、NEAR进行组配，可使用*、？、$对检索词进行截词检索。如图3-1所示，位置④还可以添加时间范围的限制。

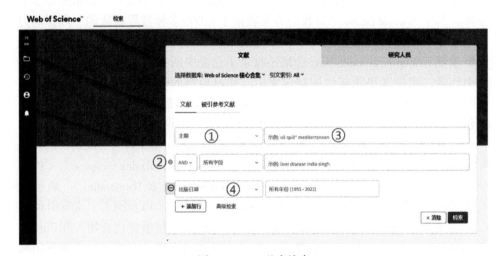

图3-1　WOS基本检索

2. 被引参考文献检索

被引参考文献检索（Cited Reference Search）提供了被引作者、被引著作、被引标题、被引期刊等8个检索字段，通过独特的被引参考文献检索，可以用一篇文章、一个专利号、一篇会议文献或者一本书作为检索词，检索这些文献被引用的情况，了解引用这些文献的论文所做的研究工作。可以轻松地回溯某一项研究文献的起源与历史（Cited References，参考文献）或者追踪其最新的进展（Citing Articles，施引文献），既可以越查越深，也可以越查越新。

检索框之间可用布尔逻辑算符AND、OR、NOT进行组配，检索框内的检索词除可用布尔逻辑算符进行组配外可使用*、？、$对检索词进行截词检索。如图3-2所示，还可以添加时间范围的限制。

图3-2　WOS被引参考文献检索

3. 高级检索

打开高级检索（Advanced Search）界面，可使用布尔逻辑算符、位置算符、截词符和字段标识等进行组配构造检索式，布尔运算符和字段标识如图3-3右侧所示，还可以添加时间范围。

图3-3　WOS高级检索

Web of Science平台高级检索还提供基本检索的检索框形式，辅助生成高级检索表达式。

4. 研究人员检索

如图3-4所示，可以将作者姓名和作者标识符作为检索字段，检索某位研究人员发表的相关成果。

信息素养与学术利用

图3-4　WOS研究人员检索

3.2.2　Web of Science检索结果处理与分析

1. 检索结果概要页面

（1）如果希望将检索结果限定在某个范围内，可以使用"精炼检索结果"功能，也是二次检索功能；

（2）排序方式中，可以通过相关性、日期升降序等排序，通过点击"被引频次"（默认降序）来查看某个领域中被引用次数最多的重要文献；

（3）可以选择感兴趣的记录输出，可以保存到EndNoteTM单机版或者EndNoteTM Online个人图书馆；

（4）点击"创建引文报告"，可看到关于该领域文章的引文报告；点击"分析"选项，进一步使用"结果分析工具"；

（5）还可以通过分析结果获得隐含的研究模式，点击"分析检索结果"按钮即可检索结果概要页面；

（6）快速过滤选项中，精炼"ESI高水平论文"，可以快速筛选出该领域Highly Cited Papers（高被引论文）与Hot Papers（热点论文），精炼"开放获取"对检索结果进行过滤，可以得到开放获取文献的全文资源；

（7）对本次的检索还可以创建跟踪服务，系统将跟踪结果通过电子邮件发送。

Web of Science检索结果概要页面如图3-5所示。

2. 检索结果分析功能

利用分析功能帮助检索者了解这些信息：

如何了解某个课题的学科交叉情况或者所涉及的学科范围？可以按照"Web of Science类别"或"研究方向"进行分析。

第3章 外文学术数据库检索与利用

图3-5　WOS检索结果概要页面

如何关注该领域的研究论文都发表在哪些期刊上以便将来找到合适的发表途径？可以按照"来源出版物"进行分析。

如何了解某个研究领域的主要研究人员？可以按照"作者"进行分析。

如何了解从事同一研究的其它机构还有哪些？可以按照"机构扩展"进行分析。

如何了解某个研究领域的进展情况？可以按照"出版年"进行分析。

Web of Science结果分析如图3-6所示。

3. 检索结果全记录页面

（1）文章的引用次数可以展现未来，了解该研究的最新进展，发现该文章对当今研究的影响。

（2）通过参考文献追溯过去，了解该论文的研究依据和课题起源。

（3）相关记录扩展视野找到更多相关的文献（具有共被引参考文献的文章），将结果越查越深。

（4）创建引文跟踪服务从而了解今后该论文的被引用情况。

（5）通过附加的链接选项直接下载全文（需要相关期刊的访问权限）；获得该论文在本机构或其它图书馆的收藏情况。

（6）查看期刊影响力。

（7）通过多种方式下载该文献记录以及将该记录保存到EndNoteTM 单机版或者在线版个人图书馆。

Web of Science文献详细页面如图3-7所示。

49

图3-6　WOS结果分析

图3-7　WOS文献详细页面

3.3 EI 工程索引数据库

美国《工程索引》(Engineering Index，EI) 创刊于1884年，由世界上最大的工程信息提供者之一——美国工程信息公司编辑出版，所报道的文献学科覆盖面广，涉及工程技术领域各个方面。经过100多年的发展，工程索引已经成为全球工程技术领域最著名的检索系统，同时也是世界引文、分析和文献评价的三大检索工具之一。

EI 主要在 Engineering Village 界面下完成检索，其核心数据库 Ei Compendex 是目前世界最全面的工程类文摘数据库之一，收录190多个学科的6000余种工程类期刊、会议文集和技术报告的摘要。收录的文献中90%的文献语种是英文，期刊文献约占80%，会议文献约占20%，数据库内容每周更新。EI 从1992年开始收录中国期刊，1998年在清华大学图书馆建立了EI中国镜像站。数据库每周更新。

3.3.1 Ei Compendex 检索方式

Ei Compendex 提供三种检索方式：快速检索 (Quick Search)、专家检索 (Expert Search)、叙词检索 (Thesaurus Search)。此外，数据库还具有浏览索引 (Browse Indexes) 等其它辅助检索工具。

1. 快速检索

快速检索是EI默认的检索方式，如图3-8所示。

（1）除了快速检索，系统还提供了高级检索、词表检索、作者检索、工程研究概况检索等方式；

（2）可通过下拉菜单选择检索字段，系统默认为全字段，也可通过摘要、作者提名字段等进行检索；

（3）输入检索词，可根据检索框下的按钮添加检索项，用布尔逻辑算符进行组配；

（4）选择限制条件，根据语种、文献类型排序等方式缩小检索范围，提高查准率。

图3-8 EI快速检索

2. 专家检索

点击"Expert Search"即可进入专家检索界面。专家检索需要在检索框中输入检索表达式，检索表达式由字段符、检索词、布尔逻辑算符等组成，可用截词符、括号等检索技术。规定用 WN（within）限定某一特定字段，检索式的输入方式为"检索词 WN 字段代码"。如果未给出字段代码，则默认在所有字段中检索。可以使用逻辑算符、位置算符、截词符和通配符等，见图3-9。

图3-9　EI专家检索

3. 叙词检索

叙词是经过规范化处理的主题词，可达到词和概念的一一对应，提高查全率和查准率。叙词检索是从EI叙词表中选择所需的叙词进行检索，如图3-10所示。

（1）打开图3-10上方的Search下拉菜单，选择Thesaurus search选项，进入叙词词表选择界面。叙词检索提供词汇检索（Vocabulary search）、精确检索（Exact term）、浏览检索（Browse）3种打开叙词表的方式，如图3-10所示。

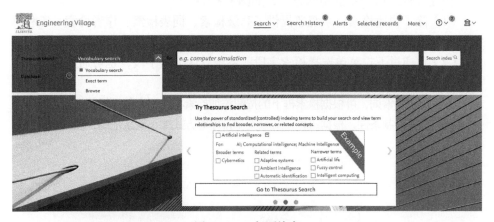

图3-10　EI叙词检索

（2）在检索框中输入检索词，选择☑Vocabulary search方式，单击Search index按钮，打开叙词检索界面，如图3-11所示。叙词检索界面由叙词表和检索区两部分组成，在叙词表选择叙词后，叙词自动粘贴到检索区内的检索框中，布尔逻辑组配系统默认"逻辑或"方式，再进行文献类型、语种、年代等的限制。

图3-11　EI叙词词汇检索

3.3.2　Ei Compendex检索结果处理与分析

（1）浏览题录与文摘。题录是系统默认的检索结果显示方式，见图3-12。浏览题录后，根据需求单击Show preview（摘要）链接或Full Text（全文本）链接进行单篇阅读。

图3-12　EI检索结果浏览

（2）检索结果分析。如图3-13所示，在题录左侧对检索结果中的Document type（文献类型）、Author（作者）、Author affiliation（作者单位）、Controlled vocabulary（受控词）、Classification code（分类码）、Country（国家）、Language（语种）、Year（年代）、Source title（出版物名称）、Publisher（出版商）等分布进行分析，了解文献量的增长、国家、语种、主题等的分布信息。

信息素养与学术利用

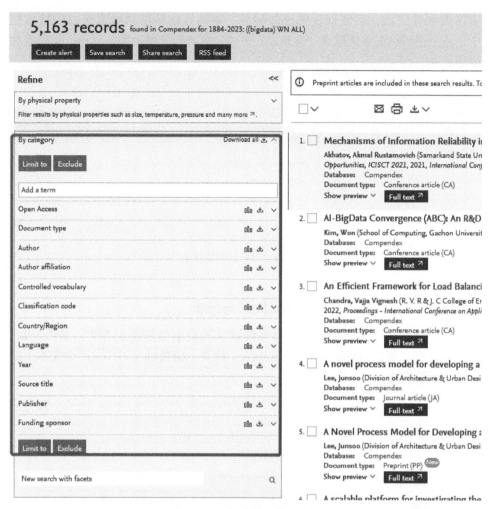

图 3-13　EI检索结果筛选分析

3.4　SpringerLink 数据库

SpringerLink 数据库是由世界著名的科技出版集团德国的施普林格出版公司提供的在线服务。SpringerLink 数据库主要提供学术期刊及电子图书等全文服务。截止2023年底，SpringerLink 出版了超过150位诺贝尔得主的著作，拥有超过2900种期刊和300000种图书资源，涵盖27个学科领域。登录网址为：https://link.springer.com/。

3.4.1 SpringerLink检索方式

SpringerLink 数据库平台提供一般检索和高级检索功能，读者可以根据不同的检索要求更加快捷地查找文章。

1. 一般检索

首页上方有一简单检索框，可直接输入关键词进行全文检索，如图 3-14 所示。一般检索（General Search）时，系统默认的检索范围是全部文献类型，模糊检索。

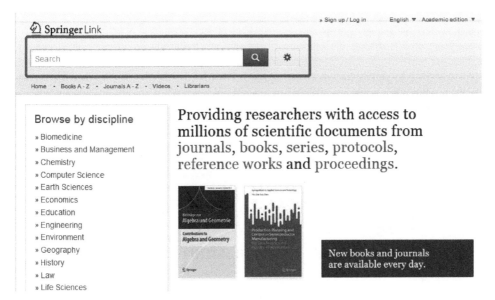

图 3-14　SpringerLink 一般检索

2. 高级检索

主页上还提供"高级检索"（Advanced Search）和"检索帮助"。读者可以通过使用高级搜索选项进一步缩小搜索范围。

点击齿轮状按钮，在弹出的下拉列表中选择 Advanced Search 进入高级检索页面，如图 3-15 所示。高级检索页面提供包括所有文本、篇名、著者等字段的输入框，检索时可以通过在一个或多个检索框中输入检索词，对检索范围进行限定。

① 表示逻辑 AND；② 表示精确检索短语；③ 表示逻辑 OR；④ 表示逻辑 NOT。

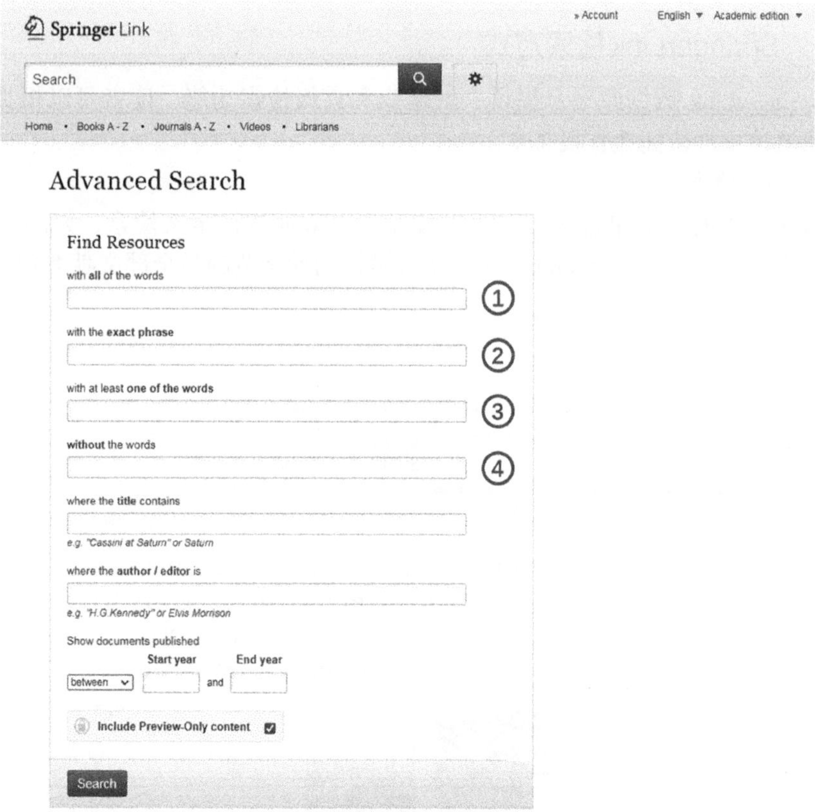

图 3-15　SpringerLink 高级检索

3.4.2　SpringerLink 检索结果处理

1. 检索结果排序

搜索结果页面中，在默认情况下，搜索结果按相关性排序。更多搜索排序选项有：按时间顺序由新到旧排序、按时间顺序由旧到新排序。在搜索结果页面中，读者还可以按出版年限搜索，如图 3-16 所示。在搜索时，还可以输入页码跳转到任何页面，订阅该页面或下载列表。

2. 检索结果精炼

搜索结果文献类型有以下类型：Book 丛书（图书）、Journal 期刊、Chapter 图书（章节或指南）、Article 文章等。聚类选项：在页面左方有聚类选项可以帮助读者优化搜索结果。聚类选项包括文献内容类型、学科、子学科、出版社语言等，如图 3-16 所示。

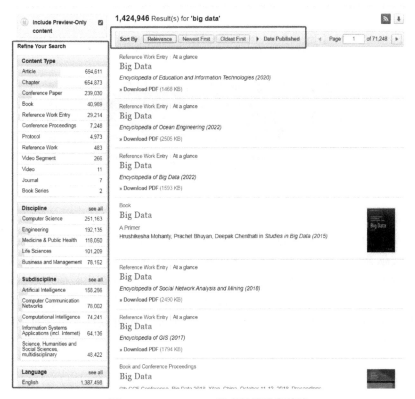

图3-16　SpringerLink检索结果排序精炼

3.5　ACM数据库

ACM（Association for Computing Machinery）创立于1947年，是全球历史最悠久和最大的计算机教育、科研机构。ACM目前提供的服务遍及全球100多个国家，会员数超过9万名，涵盖工商业、学术界及政府单位。ACM致力于发展信息技术教育、科研和应用，出版最具权威和前瞻性的文献，如专业期刊、会议录和新闻快报，并于1999年开始提供在线数据库服务——ACM Digital Library。ACM Digital Library（美国计算机协会数字图书馆），收录ACM的所有出版物，包括期刊、杂志和会议录，超过40万多篇全文。网址为：http://dl.acm.org/。

3.5.1　ACM Digital Library检索方式

ACM Digital Library全文数据库检索提供两种快速检索和高级检索方式：

1. 快速检索

快速检索框输入要搜索的关键字，点击Search，如图3-17所示。一般检索时，系统默认的检索范围是全部文献类型，模糊检索。

图3-17　ACM快速检索

2. 高级检索

在ACM Digital Library的高级检索中，用户可通过单独或组合字段检索，限定检索文献类型，获取所需数据。检索范围是ACM全文合集和ACM文献导航索引（包含ACM全文数据库所有内容外，还可能链接到其它出版商出版的文献），有全文检索等13个检索字段。过滤筛选有包括CCS（计算科学分类表）等6个字段限制，按照全部匹配、部分匹配、不匹配检索，还可以根据出版日期进行限制，如图3-18所示。

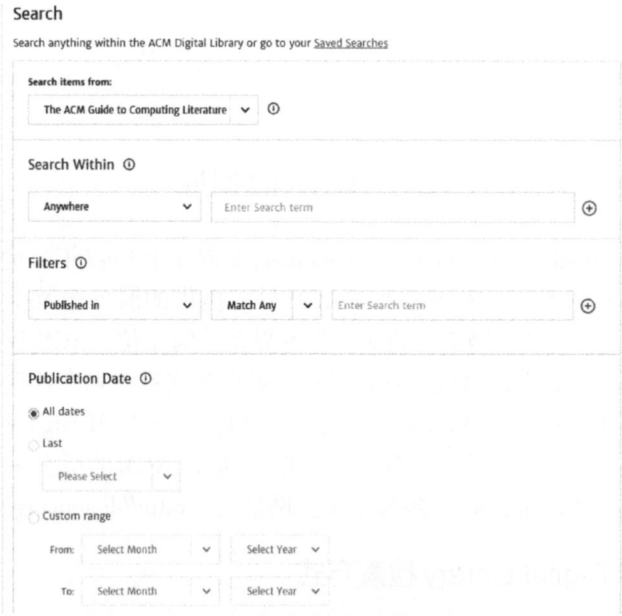

图3-18　ACM高级检索

3.5.2 ACM Digital Library 检索结果处理

检索结果页面提供多种检索限定，帮助读者进一步缩小检索范围。包括：通过关键词筛选检索结果；通过作者、评论者及他们所属的机构筛选检索结果；通过出版时间、出版物名称、出版社、文献类型筛选检索结果；通过会议举办方、会议相关活动、会议录名称筛选检索结果。同时提供文章的基本信息：题名，作者、全文下载链接等，如图3-19所示。从文章的标题，进入文章的详细相关信息页面。文章相关信息包括文摘、作者、参考文献等，如图3-20所示。

通过作者的详细信息页面，读者能够了解该作者的工作经历，发表论文的数量及被引用的情况，该作者发表的文章列表，该作者的同事和研究领域（ACM平台特有）等，如图3-21所示。

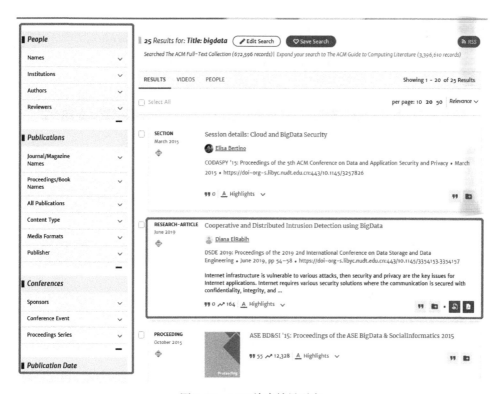

图3-19　ACM检索结果列表

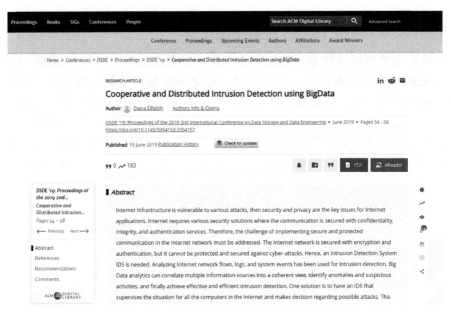

图 3-20　ACM 检索结果详细页面

图 3-21　ACM 作者详细介绍页面

3.5.3　ACM Digital Library 数据库的浏览功能

ACM DL 数据库的浏览功能支持浏览 ACM 期刊、杂志、会报、会议录、新闻快报、合作机构出版物、口述历史访谈等，如图 3-22 所示。

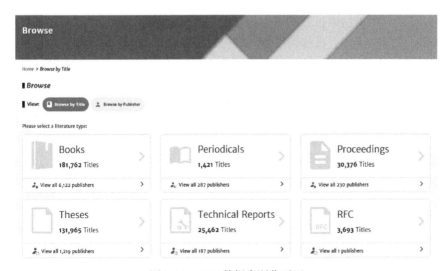

图 3-22　ACM 数据库浏览页面

3.6　PQDT 数据库介绍与检索方法

ProQuest 是美国国会图书馆指定的收藏全美国博硕士论文的机构，PQDT 全球版博硕士论文全文数据库（PQDT Global Full Text）是目前世界上规模最大、使用最广泛的博硕士论文数据库。截至 2023 年 3 月，PQDT 收录了 1861 年至今全球 2000 余所高校、科研机构的逾 525 万篇博硕士论文信息，其中博硕士学位论文全文文献逾 286 万篇；内容覆盖科学、工程学、经济与管理科学、健康与医学、历史学、人文及社会科学等各个领域。该数据库每周更新，年增论文逾 20 万篇。

国内，获取 ProQuest 学位论文的方式有两种。第一种是已经直接开通了 ProQuest 数据库权限的科研机构，直接访问 PQ 的站点即可检索下载；但是更多的用户实际上可以通过第二种方式获取"部分"的学位论文全文，即北京中科进出口有限责任公司"国外学位论文中国集团全文检索平台"，截止 2003 年 5 月 31 日，中国集团全文检索平台可以共享访问的全文论文已超过 100 万篇，涵盖文、理、工、农、医等高质量的学术研究领域。

3.6.1　PQDT 检索方式

1. 基本检索

对于一般性的题目或是关键字检索来说，只需在 PQDT 主页的文本框中输入检索内容，再单击检索按钮即可，如图3-23所示。还可以对检索条件：（是否精确检索、仅博士论文、可荐购论文、机构是否有全文）进行限定。

图3-23　PQDT基本检索

2. 高级检索

在高级检索界面见图3-24，主要有限定条件、出版日期、出版物类型、文档类型、语言等选项。可以直接在检索框中输入检索词，并在文本框右侧的下拉菜单中进行选择，检索字段有标题、摘要、作者、导师、学校/机构、学科、ISBN、FullText、论文编号等字段，可根据需要选择检索项之间"AND""OR""NOT"逻辑关系。可以单击"添加一行"，增加更多的检索项。

输入检索词后，直接点击"检索"即可。还可以对出版日期、是否精确检索、稿件类型、平台全文、本单位全文进行限定，以达到精确检索的目的，下拉检索结果页面选项可选择"按下列顺序排列检索结果""每页显示条目数"等内容。

3. 导航检索

PQDT全球博硕士论文数据库还提供浏览功能，分类导航。支持根据主题分类浏览和学校分类浏览两种浏览方式，它们都按字母顺序进行排序。单击"根据主题浏览"选项，点"+"可以展开各主题，选择某一主题，点击"检索"即可看该主题的检索结果；点击"学校分类"选项，点"+"可以展开各学校包含的分校等信息，点击"检索"即可查看该学校的论文出版情况。具体情况如图3-25所示。

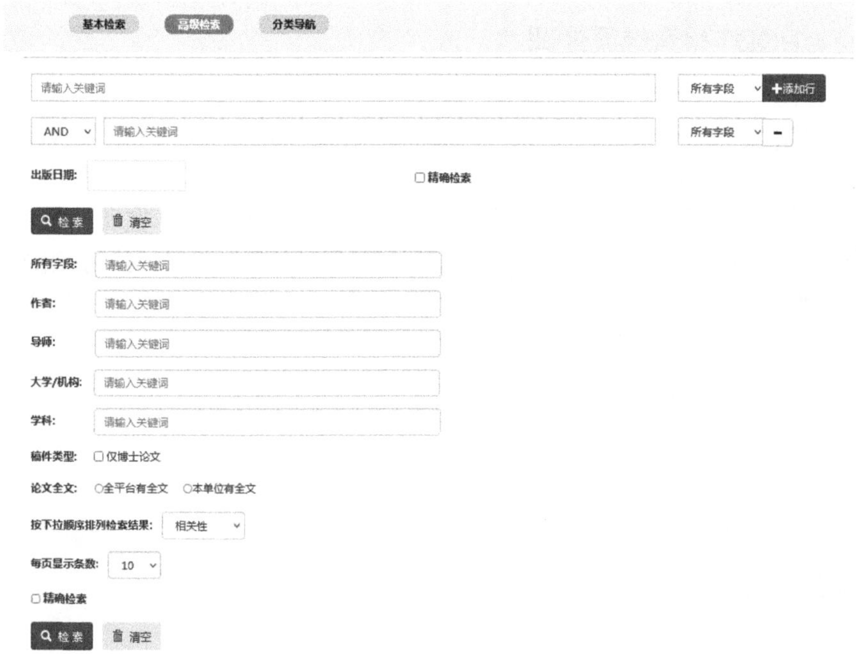

图3-24　PQDT高级检索

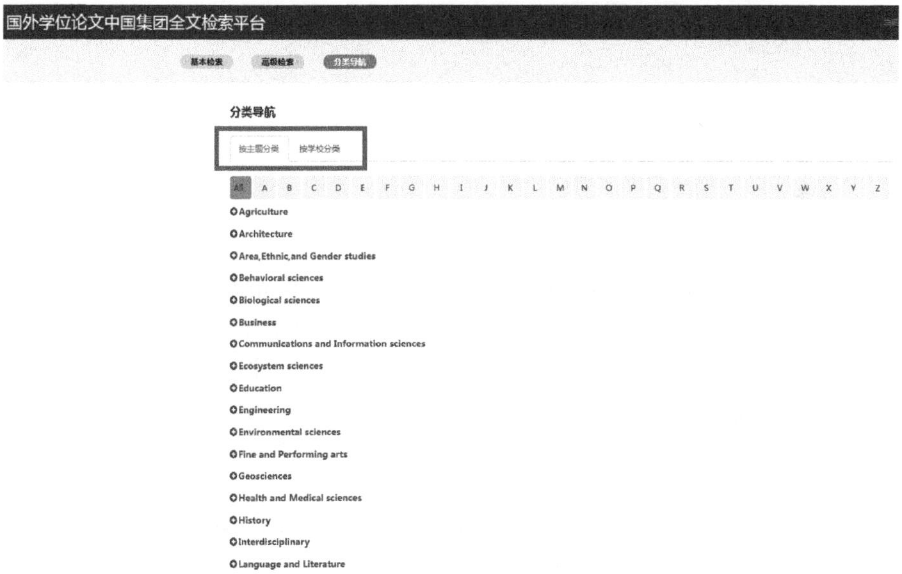

图3-25　PQDT导航检索

3.6.2　PQDT检索结果处理

无论是基本检索还是高级检索，检索结果的显示页面都是相同的。页面直接显示检中论文的题录信息的列表，包括题名、出版年份和地点等信息，每篇文章下方有"摘要/索引""全文文献""显示更多/显示摘要""引文/摘要""全文文献"等按钮，成功订购论文则提供PDF格式文件的全文预览。在所需文章下面点击"摘要/索引"按钮，会看到该文章的摘要、主题、地点、公司/组织、标题、作者、出版物名称、出版年份、出版日期、出版商、出版地、出版物国家/地区、出版物主题、来源类型、出版物语言、文档类型、DOI、文档URL、版权、ProQuest文档ID等信息。

图 3-26　PQDT检索结果页面

在论文列表页面可以设置论文排序的方式，可以按相关性、发表年度、论文上传时间进行排序。同时可在基本检索得到的结果中进行二次检索，以进一步缩小检索范围，或者开始一个新的检索，以提高信息查准率。如果需要一次下载多篇论文，可点击论文左上方文件夹图标前的小方框，然后点击页面上方的"引用""电子邮件""保存到'我的检索'""所有保存选项"按钮，可集中显示、下载、传递所需要的论文。

PQDT还可以对检索结果按照发表年度、学科、机构学校、语言等分类筛选，进一步缩小检索范围，见图3-27。

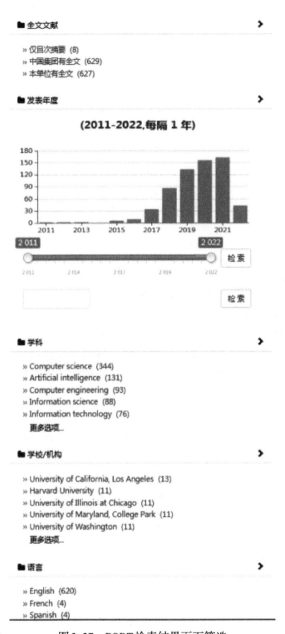

图3-27　PQDT检索结果页面筛选

第4章

特种文献

4.1 特种文献的定义与类型

4.1.1 特种文献的定义

特种文献是指除图书、连续性出版物以外的文献所组成的文献体系。

一般来讲，文献检索要检索各种类型的文献，包括图书、期刊、会议文献、学位论文、科技报告等。特种文献是文献检索中非常重要的一部分资源，它们在科学研究中有着重要的参考价值。特种文献一方面可以通过搜索引擎进行比较宽泛的查找，另一方面可以利用一些专门的数据库和网站进行检索和获取。

4.1.2 特种文献的类型

特种文献包括专利文献、标准文献、学位论文、会议文献、科技报告、产品资料、技术档案、政府出版物等。

4.2 专利文献的检索

4.2.1 专利及专利文献

专利：国家专利机关依照专利法授予发明人或设计人对某项发明创造享有在法定期限内的专有权。

先申请制：两个以上的申请人分别就同样的发明创造申请专利的，专利权授予最先申请的人。（专利法第九条）

专利文献是一个巨大的技术知识宝库，人类80%的技术知识来自专利。专利文献集技术情报、法律情报和经济情报于一体，是科技工作者进行科学研究、了解科技动态、开展科技创新的重要信息来源。狭义的专利文献主要包括各国专利管理机构正式出版或公布的专利说明书、权利要求书、说明书摘要；广义的专利文献还泛指各种专利申请文件、专利证书、专利公报、专利题录、专利文摘、专利索引、专利分类表等。

专利文献集技术、法律、经济信息于一体，并具有以下法律特征：

（1）专有性：也称垄断性或独占性。除专利法另有规定的以外，任何单位或个人未经专利权人许可，都不得实施其专利。未经专利权人许可，实施其专利，即侵犯其专利权。

（2）时间性：我国发明专利权的期限为20年，实用新型专利权期限为10年，外观设计专利权的期限为15年，均自申请日起计算。

（3）地域性：一个国家或地区授予的专利权，只能在该国或该区域内有效，在域外不发生法律效力。

4.2.2 专利文献的特点

专利文献的主要特点包括以下内容：

（1）内容广泛详尽。在应用技术方面，专利文献涉及领域广、报道内容详尽，是其它文献所无法比拟的。

（2）报道及时，反馈最新技术。世界上绝大多数国家在专利制度中实行的是先申请制。专利先申请原则规定，针对相同内容的发明，专利权授予最先申请的人，这就促使各国发明人在发明构思基本完成时抢先申请专利，以获得独占权。此外，各国的专利法均把新颖性作为获得专利权的首要条件。

（3）格式统一，著录规范。世界各国专利文献出版格式统一、内容规范，著录标准化程度是其它科技文献所无法相比的，这是因为它依据了专利法规和统一标准。

（4）数量庞大，重复出版。据世界知识产权组织统计，全世界每年发表的专利文献有150多万件。如果按单一种类统计，专利文献是世界上数量最大的信息源之一。

4.2.3 国际专利分类法

国际专利分类法（International Patent Classification，IPC）是一种国际统一化、标准化的专利分类法。由于其具有完整性、科学性、适用性的特点，现在几乎被世界上所有建立专利制度的国家所采用。中国自1985年4月1日实行专利制度以来就采用了这种分类方法。

一个完整的IPC分类号由代表部（Section）、大类（Class）、小类（Subclass）、大组（Group）和小组（Subgroup）构成。其中，代表部由大写字母表示（共有A、B、C、D、E、F、G、H 8部）。大类由数字表示，小类由字母表示（大小写均可），大组和小组均由数字表示，两者之间用斜线"/"隔开。

国际专利分类表（2022年版）共分为8部，每部为1个分册。

  A部——人类生活必需

  B部——作业、运输

  C部——化学

  D部——纺织、造纸

  E部——固定建筑物

  F部——机械工程、照明、加热、武器、爆破

  G部——物理

  H部——电学

具体可参考：国家知识产权局国际专利分类表
https://www.cnipa.gov.cn/art/2022/5/19/art_2152_175662.html

4.2.4　国内外专利文献的检索

1. 中国专利文献检索途径

中国专利文献的检索途径有很多，例如国家知识产权局网站新推出的专利检索及分析系统，中国知识产权网的中外专利数据库服务平台、中国专利信息网等。下面以国家知识产权局推出的专利检索及分析系统为例，详细介绍专利检索及分析系统的使用方法。

国家知识产权局网站是中华人民共和国国家知识产权局支持建立的政府性官方网站。该网站提供与专利相关的多种信息服务，如专利申请、专利审查的相关信息，近期专利公报、年报的查询，专利证书发文信息、法律状态、收费信息的查询等。国家知识产权局网站主页上设有专利检索入口，检索数据库收录了自1985年我国颁布专利法以来公布的所有专利文献，并从2001年11月1日开始对社会公众提供免费的检索服务。在国家知识产权局网站主页右侧中部，点击"专利检索"进入"专利检索及分析系统"，即可进入专利检索页面，如图4-1所示。

2. 美国专利商标局

美国专利商标局（United States Patent and Trademark Office，PTO或USPTO），是美国商务部下的一个机构，主要负责为发明家和他们的相关发明提供专利保护、商品商标注册和知识产权证明（http://www.uspto.gov）。

美国专利商标局官网及专利导航如图4-2和图4-3所示。

第4章 特种文献

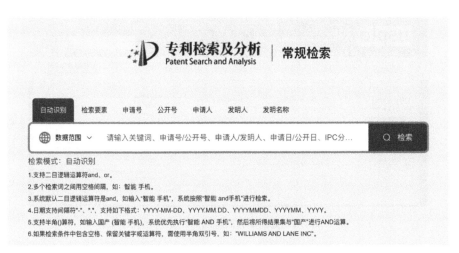

图4-1 专利检索及分析常规检索界面

图4-2 美国专利商标局官网

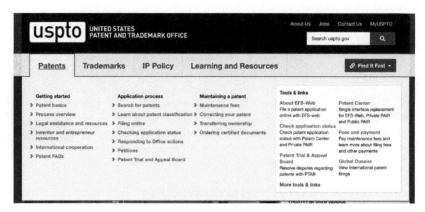

图4-3　美国专利商标局——专利导航

3. 欧洲专利局网站专利检索

欧洲专利局（European Patent Office，EPO）是根据《欧洲专利公约》，于1977年10月7日正式成立的一个政府间组织，负责审查授予可以在42个国家生效的欧洲专利（European Patent），总部位于德国慕尼黑，在海牙、柏林、维也纳和布鲁塞尔设有分部（图4-4）。

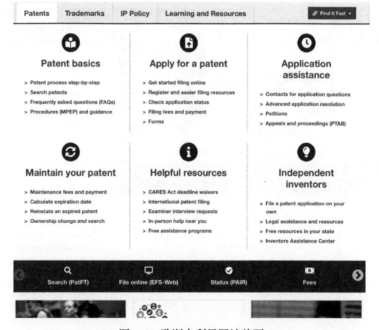

图4-4　欧洲专利局网站首页

第4章　特种文献

欧洲专利局的使命是授予高质量的专利，提供高效率的服务，促进创新，提升竞争力，推动经济增长。其主要任务是根据《欧洲专利公约》（EPC）授权欧洲专利。

欧洲专利局网站使用Espacenet系统提供检索服务，该项服务是免费的，系统支持德语、英语和法语3种语言进行检索。同时提供包含具有Espacenet接口的国家和地区专利局列表，点击右上角"office/language"按钮即可（图4-5）。

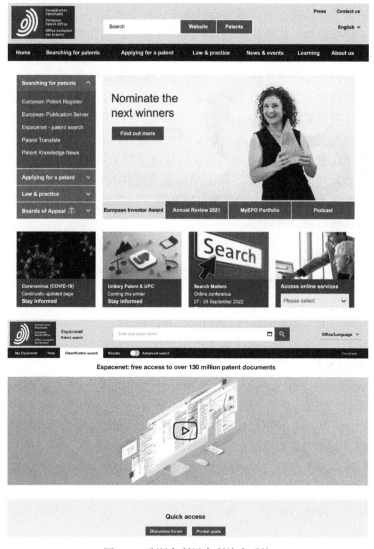

图4-5　欧洲专利局专利检索系统

4.3 标准文献的检索

4.3.1 标准文献的含义

随着工业化时代的来临，生产的专业化程度日益增高，同一台设备上的零部件被分散在不同的企业制造，而要使众多来源不同的零部件能够组装成机器设备，并能正常工作，就必须在零部件的生产过程中遵循统一的规则，这种统一的规则实际上就是标准。标准化活动在广阔的范围内影响和推动着生产发展、社会和科技进步，标准化的成果即各种标准。在中国加入WTO的背景下，标准版这一技术壁垒确保了公平竞争的原则，消除了人为的政策壁垒。

中华人民共和国国家标准GB/T 20000.1—2014中对标准的定义如下：通过标准化活动，按照规定的程序经协商一致制定，为各种活动或其结果提供规则、指南或特性，供共同使用和重复使用的文件。狭义的标准文献指按规定程序制定，经权威机构（主管机关）批准的一整套在特定范围（领域）内必须执行的规格、规则、技术要求等规范性文献。广义的标准文献指与标准化活动相关的一切文献，包括标准形成过程中的各种档案，宣传推广标准的手册及其它出版物，报道标准文献信息的目录、索引等。

4.3.2 标准的类型

标准文献分类方法通常有以下几种。

1. 按使用范围划分

国际标准：国际通用的标准，如ISO、IEC等。

区域标准：经世界某一地区的若干国家标准化机构协商一致所颁布的标准，如全欧标准（EN）。

国家标准：一个国家的全国性标准化机构颁布的标准，如中国国家标准（GB）。

专业标准：某一专业团体针对其所采用的零部件或原材料、完整的产品等所制定的标准，如美国石油协会标准（API）。

企业标准：由企业自己规定的统一标准，如美国波音公司标准（BAC）。

2. 按内容划分

基础标准：标准的标准，一般包括术语、符号、代号、机械制图、公差与配合等。

产品标准：规定产品的品种、系列、分类、参数、形式尺寸、技术要求、试验方法等。

方法标准：包括工艺要求、过程、要素、工艺说明等，还包括使用规程。

辅助产品标准：包括工具、模具、量具、夹具、专用设备及其部件的标准等。

原材料标准：包括材料分类、品种、规则、牌号、化学成分、物理性能、试验方法、保管验收规则等。

此外还有安全标准、卫生标准、环保标准、管理标准和服务标准等。

3. 按标准成熟程度划分

法定标准：具有法律性质的、必须遵守的标准。

推荐标准：制定和颁布标准的机构建议优先遵循的标准。

试行标准：内容不够成熟，有待在使用实践中进一步修订、完善的标准。

标准草案：批准发布以前的标准征求意见稿、送审稿和报批稿。

4.3.3 国内标准文献的检索

标准文献的检索通常有两种方式：一种是通过印刷版的标准文献检索工具来查找标准目录和摘要，再利用图书馆收藏的标准获取全文；另一种是从众多的网站检索到所需要的相关标准（标准数据库），有些网站还能免费获取全文。有很多网站提供了标准查找和标准全文付费下载的服务，如标准信息服务网（https://www.sacinfo.cn）、中国标准服务网（https://www.cssn.net.cn/cssn/index）等。

目前大多数标准文献均可以通过网络查找到，而且通过网络获取标准文献已被大部分用户所认可，但是网络获取标准文献全文大部分需要付费，且提供标准文献网站的检索方式都比较简单。

1. 中文标准文献网站

1）中国国家标准化管理委员会网

中国国家标准化管理委员会是国务院授权履行行政管理职能、统一管理全国标准化工作的主管机构。国家标准化管理委员会网（http://www.sac.gov.cn）提供中英文两个版本的国家标准检索（图4-6）。

点击国家标准化管理委员会网主页上方"办事服务"项下的"标准服务平台"即可进入全国标准信息公共服务平台。该平台可提供国家标准、行业标准、地方标准、团体标准、企业标准、国际标准、国外标准等方面的检索服务，可选择机构、专家、指标、国际国外等分类方式进行检索（图4-7）。

2）标准信息服务网

标准信息服务网是由国家市场监督管理总局国家标准技术审评中心主办的标准信息服务网站，可进行标准的检索和购买（图4-8）。

■ 信息素养与学术利用

图 4-6　国家标准化管理委员会网主页

图 4-7　全国标准信息公共服务平台

第4章 特种文献

图4-8 标准信息服务网主页

3）万方数据知识服务平台标准数据库

万方数据知识服务平台标准数据库收录了国内的大量标准，包括国家发布的全部标准、某些行业的行业标准及电气和电子工程师技术标准；收录了国际标准数据库中各国的国家标准，以及国际电工标准；还收录了某些国家的行业标准。其中，中国标准数据库由国家市场监督管理总局等单位提供，收录自1964年至今全部国家标准和行业标准，每月更新；涉及工程技术等各行业，并建成中国国家标准、中国行业标准、中国建设标准等数据库；免费提供标准文摘，标准全文需经授权方可获取（图4-9）。

图4-9 万方标准管理服务系统页面

75

2. 国际标准文献网站

国际标准化组织（International Organization for Standardization，ISO）、国际电工委员会（International Electrotechnical Commission，IEC）和国际电信联盟（International Telecommunication Union，ITU）并称国际标准化机构，在国际标准化活动中占主导地位。

1）国际标准化组织

国际标准化组织（https://www.iso.org/standards.html）于1947年成立，是目前世界上最大的非政府性标准化专门机构，是国际标准化领域中一个十分重要的组织。ISO的任务是促进全球范围内的标准化及有关活动，有利于各国之间产品与服务的交流，以及在知识、科学、技术和经济活动中发展国家间的相互合作（图4-10）。

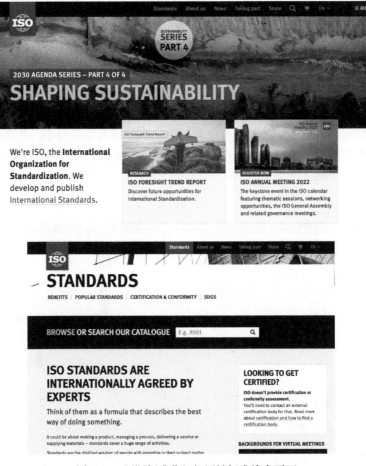

图4-10　国际标准化组织网站标准检索页面

2）国际电工委员会

国际电工委员会（https://www.iec.ch）是世界上成立最早的国际性电工标准化机构，负责有关电气工程和电子工程领域中的国际标准化工作（图4-11和图4-12）。IEC的宗旨是，在电气和电子工程领域中的标准化及有关事务方面（如认证）促进国际合作，增进各国之间的相互了解，并且通过出版国际标准出版物等来实现这一宗旨。

图4-11　国际电工委员会网站首页

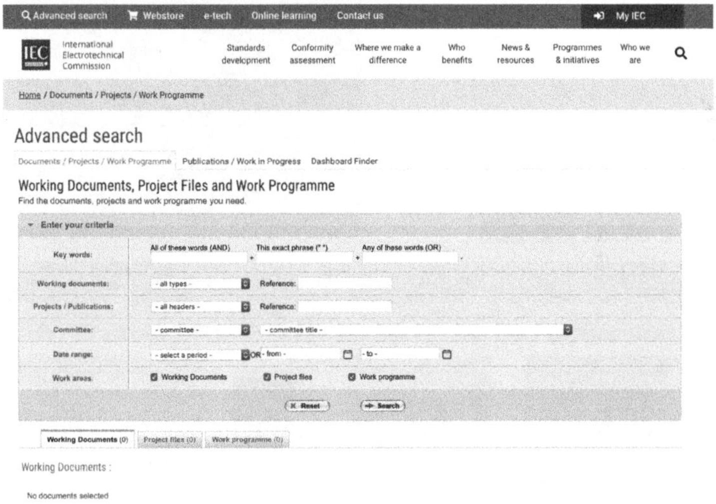

图4-12　国际电工委员会高级检索页面

目前IEC成员国包括了绝大多数的工业发达国家及一部分发展中国家。这些国家拥有世界人口的80%，其生产和消耗的电能占全世界的95%，制造和使用的电气、电子产品占全世界产量的90%。

3）国际电信联盟

国际电信联盟（https://www.itu.int/zh/Pages/default.aspx）是联合国的一个专门机构，也是联合国机构中历史最长的一个国际组织。ITU负责制定国际电信行业的相关国际标准及行业规范。ITU的主要学术研究领域包括ITU-T电信研究领域、ITU-R半导体通信研究领域、ITU-D电信发展研究领域。ITU网站提供有关ITU的新闻、国际电信行业总数、年报、市场分析预测、技术述评、会议预报、ITU出版物目录及订购信息、发展战略和ITU出版物检索等。

ITU主页提供的检索方式为依托Google自定义搜索的针对所有网页的检索（图4-13）。

图4-13　国际电信联盟官网

4）其它检索途径

除了以上提到的国际标准机构，还有美国国家标准学会（ANSI）网站，该网站只提供一般标准信息查询。该学会建立的全球标准资源网站（NSSN，https://www.nssn.org）的标准文献资源非常丰富，提供国际标准、国际区域标准、世界各国标准和团体协会标准等内容的查询。此外还有英国标准协会（BSI）网站、德国标准化学会（DIN）网站、法国标准化协会（AFNOR）网站、日本标准协会（JSA）网站等。

4.4 学位论文的检索

4.4.1 学位论文的特点

学位论文是指为获得某种学位而必须撰写的论文，有严格的格式要求。学位论文是学术论文的一种形式。学位论文根据所申请的学位不同，又可分为学士论文、硕士论文、博士论文三种，在通常情况下，学位论文只限于后两者。

硕士论文和博士论文是具有很高利用价值的科技文献，与其它类型文献相比，这两类学位论文具有选题新颖，理论性、系统性较强，阐述详细的特点，其参考文献多且全面，有助于对相关文献进行追踪检索，是了解国内外科技研究现状和发展趋势的重要信息资源。

4.4.2 国内外学位论文的检索

1. 中国知网学位论文库

中国知网学位论文库包括《中国博士学位论文全文数据库》和《中国优秀硕士学位论文全文数据库》，是目前国内资源完备、质量上乘、连续动态更新的中国博硕士学位论文全文数据库。本库出版510余家博士培养单位的博士学位论文50余万篇，790余家硕士培养单位的硕士学位论文510余万篇，最早回溯至1984年，覆盖基础科学、工程技术、农业、医学、哲学、人文、社会科学等各个领域。

在中国知网首页（图4-14）搜索框下方点击"学位论文"即可进入学位论文库（图4-15）。

2. 万方中国学位论文数据库

中国学位论文全文数据库（China Dissertations Database）收录始于1980年，年增35万余篇，目前收录有575万余篇，涵盖基础科学、理学、工业技术、人文科学、社会科学、医药卫生、农业科学、交通运输、航空航天和环境科学等各学科领域（图4-16）。

信息素养与学术利用

万方学位论文库提供一站式检索和高级检索功能，同时还提供有学科、专业、授予单位3种导航（图4-17）。

图4-14 中国知网首页

图4-15 中国知网学位论文库

第4章 特种文献

图4-16 万方数据知识服务平台首页

图4-17 万方数据知识服务平台——学位论文库

3. 国家科技图书文献中心

国家科技图书文献中心（National Science and Technology Library，NSTL，以下简称中心）是科技部联合财政部等六部门，经国务院领导批准，于2000年6月12日成立的一个基于网络环境的科技文献信息资源服务机构。由中国科学院文献情报中心、中国科学技术信息研究所、机械工业信息研究院、冶金工业信息标准研究院、中国化工信息中心、中国农业科学院农业信息研究所、中国医学科学院医学信息研究所、中国标准化研究院标准馆和中国计量科学研究院文献馆九个文献信息机构组成。该数据库主要收录了1984年至今我国高等院校、研究生院及研究院所发布的硕士、博士和博士后的论文。学科范围涉及自然科学各专业领域，并兼顾社会科学和人文科学，每年增加论文6万余篇，每季更新。提供论文的文摘等基本信息（图4-18）。

图4-18　国家科技图书文献中心首页

4. 台湾博硕士论文知识加值系统

台湾博硕士论文知识加值系统（https://ndltd.ncl.edu.tw/cgi-bin/gs32/gsweb.cgi/login?o=dwebmge）协助台湾地区的大学完善保存和永久免费使用博硕士学位论文电子全文。为台湾地区教育部门委托图书馆执行的项目计划，回溯地区博硕士论文相关资料整理工作，于1998年12月在台湾启用系统，使台湾的博硕士论文网络信息服务正式迈向新的里程碑。后新增电子全文上传与电子全文授权书在线印制的功能，进一步整合了"台湾博硕士论文信息网"在线数据库共建共享服务（图4-19）。

第4章 特种文献

图4-19 台湾博硕士论文知识加值系统首页

5. 香港大学学术库

The Hong Kong University Theses Online（HKUTO）收录了1941年以来的香港大学授予的硕士和博士论文，包含艺术、人文、教育以及社会科学、医学和自然科学各学科。其中的大部分论文都是和香港有关的研究。该数据库的论文主要为英文论文，部分为中英双语，部分为只用中文写成。HKUTO几乎囊括了香港大学的所有论文，用户可以按照论文题目、作者检索，也可按照学位、学科检索（图4-20）。

图4-20 香港大学学术库首页

6. ProQuest学位论文全文库

世界著名的学位论文数据库，收录有欧美2000余所大学270多万篇学位论文的文摘信息，涵盖文、理、工、农、医等各个学科领域，是迄今为止世界上最大的国际性博硕士论文数据库。ProQuest学位论文全文数据库收录的是PQDT数据库中部分记录的全文。该库已收录国外博硕士学位论文逾36万篇，年增2万多篇（图4-21）。

图4-21　ProQuest网站首页

4.5　会议文献的检索

4.5.1　会议文献的特点

广义的会议文献是指与会议有关的所有论文或文件，如会议预告、会议议程和会议录等。会议是人们交流知识信息的重要渠道之一。学术会议为从事研究工作的学者提供了接触和交流的机会和场所，30%的科技成果的首次公布是在科技会议上，科技会议对本学科领域重大事件的首次报道率也最高。因此，会议文献是一种比期刊文献传递新信息的速度更快的文献类型。

随着现代信息技术及网络技术的发展，文献资料的数字化存取已经成为现实。各种数据库的建设，使得原来搜集和获取都非常困难的一些文献越来越容易得到了，例如学位论文、专利文献、期刊论文等。但是，同样是重要信息来源的会议文献，目前仍然是较难获取的文献类型之一。

会议文献的出版形式有很多，常见的有图书、期刊、科技报告、在线会议等，既有正式出版物，也有各种非正式出版物，可以说涵盖了白色文献、灰色文献和黑色文献这些不同的文献类型。会议文献的表达形式也比较多样化，给揭示、检索都带来了一定的困难。因此在各类文献中，会议文献是比较难以搜集和检索的文献，其特点可以用"好用不好找"这样一句话来概括。会议文献发行分散，形式多样，目前还没有一种数据库或检索工具能检索到比较全面的会议文献，而会议文献的全文更是分散在不同的数据库中。

4.5.2 国内外会议文献的检索

1. CPCI

CPCI（Conference Proceedings Citation Index）是科技会议检索数据库，全称"科学技术会议录索引"，它主要检索的是科技方向的学术会议。CPCI与SCI、EI共同构成世界范围内最重要的三大论文检索系统。

CPCI原名为ISTP，现在仍有很多科研单位使用ISTP这个旧名。原科学技术会议录索引ISTP，提供1990年以来以专著、丛书、预印本、期刊、报告等形式出版的国际会议论文文摘及参考文献索引信息，涉及自然科学和工程技术的所有领域。

由于CPCI的网络版已与SCI合并，所以可以通过ISI的Web of Science Proceedings来检索，检索方法与SCI网络版基本相同（图4-22）。

图4-22　Web of Science中的CPCI-S

2. 国家科技图书文献中心（NSTL）会议文献检索系统

国家科技图书文献中心网址https://www.nstl.gov.cn，可以查找会议论文和会议录（图4-23）。

图4-23　国家科技图书文献中心——会议检索

3. 万方中国学术会议文献数据库

万方中国学术会议文献数据库（China Conference Proceedings Database），会议资源包括中文会议和外文会议，中文会议收录始于1982年，年收集约2000个重要学术会议，年增20万篇论文，每月更新。外文会议主要来源于NSTL外文文献数据库，收录了1985年以来世界各主要学会、协会、出版机构出版的学术会议论文共计1100万篇全文（部分文献有少量回溯），每年增加论文约20余万篇，每月更新（图4-24）。

4. 中国知网会议论文库

中国知网会议论文库重点收录1999年以来中国科学技术协会系统及国家二级以上的学会、协会、高校、科研院所，政府机关举办的重要会议以及在国内召开的国际会议上发表的文献，部分重点会议文献回溯至1953年，目前，已收录国内会议、国际会议论文集4万本，累计文献总量380余万篇（图4-25）。

第4章 特种文献

图4-24 万方中国学术会议文献数据库检索界面

图4-25 中国知网会议论文库检索界面

5. 其它会议文献检索渠道

ACM Proceedings：收录了美国计算机协会（Association for Computing Machinery，ACM）的会议录全文。

ASCE Proceedings：提供美国土木工程师学会（The American Society of Civil Engineers，ASCE）会议录全文。

AIP Conference Proceedings（美国物理联合会会议录网络版）：收录了美国物理联合会（AIP）自2000年以来出版的约500多种会议录（全文）。

IEEE/IET Electronic Library（IEL）全文数据库：提供美国电气电子工程师学会（Institute of Electrical and Electronics Engineers，IEEE）和英国工程技术学会（The Institution of Engineering and Technology，IET）出版的会议录全文。

INSPEC（英国科学文摘）：位于Web of Science平台，是由英国工程技术学会（IET）出版的文摘数据库，涵盖物理学、电气工程、电子学、计算机科学及信息技术等领域的3000多种会议论文集。

SPIE Proceedings：收录了国际光学工程学会（The International Society for Optical Engineering，SPIE）的所有的会议录全文。

6. 会议信息发布系统

中国学术会议在线：为用户提供学术会议信息预报、会议分类搜索、会议在线报名、会议论文征集、会议资料发布、会议视频点播、会议同步直播等服务。

allconferences.com：提供各种会议信息的目录型网站，用户也可以通过搜索目录来获得特定的会议信息。同时该网站提供在线注册、支付程序等服务。网站提供的会议范围包括人文与社会科学、商业、计算机和互联网、教育等各学科领域。

4.6 其它特种文献检索

4.6.1 科技报告

科技报告是关于科研项目或科研活动的正式报告或情况记录，是研究、设计单位或个人以书面形式向提供经费和资助的部门或组织汇报其研究设计或项目进展情况的报告。科技报告是在科研活动的各个阶段，由科技人员按照有关规定和格式撰写的，以积累、传播和交流为目的，能完整而真实地反映所从事科研活动的技术内容和经验的特种文献。与图书和期刊相比较，它的篇幅可长可短，并且内容新颖、专业性强、技术数据具体，因而是科研人员、工程技术人员优先选择的参考资料。它对于交流科研思路、推动发明创造、评估技术差距、改进技术方案、增加决策依据、避免科研工作中的重复与浪费以及促进科研成果转化为生产力起到了积极的作用。因此,作为科研人员,经常查阅科技报告可以少走弯路,避免重复研究,提高科研水平的起点,收到事半功倍的效果。

科技报告是报道研究工作和调查工作的成果或进展情况的一种文献。科技报告传播研究成果的速度较快,注重详细记录科研进展的全过程。大多数科技报告都与政府的研究活动、国防及尖端科学技术领域有关,其撰写者或提出者主要是政府部门、军队系统的科研机构和一部分由军队、政府部门与之签订合同或给予津贴的大学、私人公司等。科技报告所报道的内容一般必须经过有关主管部门的审查与鉴定,因此具有较好的成熟性、可靠性和新颖性,是一种非常重要的学术信息资源。

1. 国家科技报告服务系统

国家科技报告服务系统(NSTRS,https://www.nstrs.cn/index)主要提供科学技术部、国家自然科学基金委员会、地方科技报告三大类科技报告,内容涉及新一代信息技术、能源技术、现代农业技术、高端装备与先进制造技术等12个技术领域,总共有375155个报告(图4-26)。

图4-26 国家科技报告服务系统首页

该系统向社会公众无偿提供科技报告摘要浏览服务。社会公众不需要注册，即可通过检索科技报告摘要和基本信息，了解国家科技投入所产出科技报告的基本情况。

2. 国家科技图书文献中心

在国家科技图书文献中心（NSTL，http://www.nstl.gov.cn）主页快速检索框下方点击"科技报告（国外科技报告）"选项，即可进入科技报告的检索页面。其国外科技报告数据库主要收录1978年以来的美国政府四大科技报告，以及少量其它国家学术机构的研究报告、进展报告和年度报告等。学科范围涉及工程技术和自然科学各专业领域，每年增加报告2万余篇，每月更新。

3. 中国科学院文献情报中心

借助中国科学院文献情报中心主页（http://www.las.ac.cn）"资源集成发现"平台通过"学术搜索"可以查询科技报告，直接选择题名、作者、文摘等途径查询，进入检索结果页面后，在左侧资源类型导航栏中选择"科技报告"获得相应的文献检索结果。也可以在"学术搜索"检索框右侧点击进入"高级检索"选择"科技报告"进行查询（图4-27）。检索结果的数据来源为国防科技信息系统和中国科学院机构知识库。

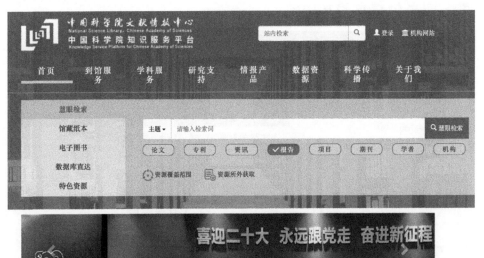

图4-27 中国科学院文献情报中心中国科学院知识服务平台

4. 美国国家航空航天局科技报告服务系统

美国国家航空航天局（National Aeronautics and Space Administration，http://ntrs.nasa.gov/）科技报告服务系统，提供有关航空航天方面的科技报告，可以检索并浏览，部分有全文（图4-28）。

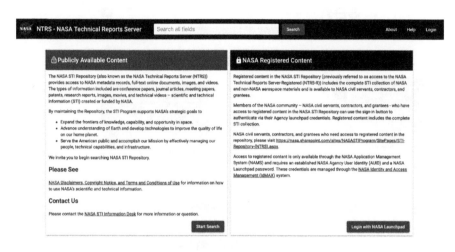

图4-28　美国国家航空航天局科技报告服务系统

5. 美国能源部信息检索系统

美国能源部（Department of Energy，http://www.osti.gov/scitech/）信息检索系统可以检索并获得美国能源部提供的研究与发展报告全文，内容涉及物理、化学、材料、生物、环境、能源等领域（图4-29）。

图4-29　美国能源部信息检索系统

6. 美国环保署报告系统

美国环保署（United States Environmental Protection Agency，http://cfpub.epa.gov/roe/）报告系统，提供了许多环境方面的报告全文（图4-30）。

图4-30　美国环保署报告系统

7. 美国国家经济研究局网部

美国国家经济研究局（National Bureau of Economic Research，http://www.nber.org/）的研究报告，可在网站上下载全文（图4-31）。

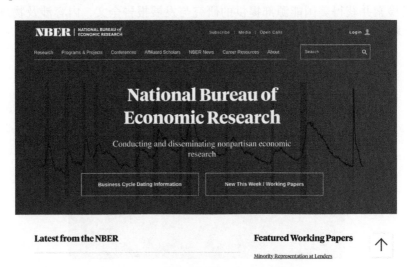

图4-31　美国国家经济研究局网站截图

8. 世界银行组织的文件与报告库

世界银行组织的文件与报告库（Documents & Reports），可以浏览多个国家和众多研究主题的科技报告，并免费下载全文（图4-32）。

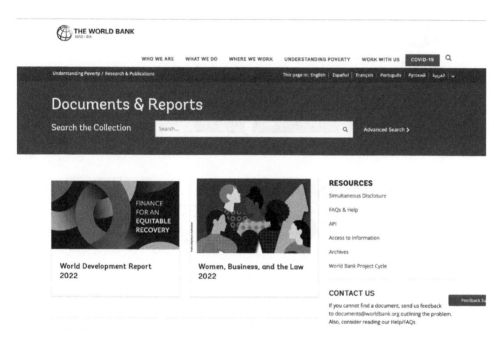

图4-32　世界银行组织的文件与报告库网页截图

4.6.2　政府出版物及检索

政府出版物是指各国政府部门及其设立的专门机构发表、出版的文件，可分为行政性文件（如法令、方针政策、统计资料等）和科技文献（包括政府所属各部门的科技研究报告、科技成果公布、科普资料及技术政策文件等），其中科技文献占30%~40%。

政府出版物的特点是：内容可靠，与其它信息源有一定重复。借助政府出版物，可以了解某一国家的科技政策、经济政策等，而且对于了解其科技活动、科技成果等有一定的参考作用。

1. 国际组织与外国政府出版物系统（http://www.nlc.cn/gjzzywgzfcbw/lhg_zyk/lhg_gjgzyml/）

国际组织与外国政府出版物系统是国家图书馆为对联合国等重要国际组织和外国政府实体与网络资源进行全面系统整合而构建的，集资源导航与检索、用户交互于一体的网络服务平台。平台目前所涵盖的机构包括联合国及其专门机构、欧盟、经济合作与发展组织、亚洲开发银行、美国兰德公司、美国国会情报服务公司、美国政府、加拿大政府，可以为向用户提供全面、清晰、有效的导航（图4-33）。

图4-33　国际组织与外国政府出版物系统—各机构资源目录

2. 联合国及专门机构站点（www.unsystem.org）

联合国及专门机构站点目录网站即联合国系统行政首长协调理事会，该网站提供联合国组织机构相关发布报告的各种主题报告（图4-34）。

3. 中华人民共和国中央人民政府门户网（www.gov.cn）

中华人民共和国中央人民政府网站为获取国内政府出版物的权威网站，网站内建设有"国务院政策文件库"，可以检索获取各类国务院文件、国务院部门文件及相关解读，截至2023年7月4日，共有25086件文件提供阅览（图4-35）。

4. 美国政府出版物检索（www.access.gpo.gov/index.html）

美国政府出版局（United States Government Publishing Office，GPO），负责编辑、印刷、出版、发行美国政府部门需要出版的资料，包括国会报告、国会意见、听证会记录、国会辩论记录、国会档案、法院资料以及国防部、内政部、劳动部、总统办公室等各个部门出版发行的文件（图4-36）。

第4章 特种文献

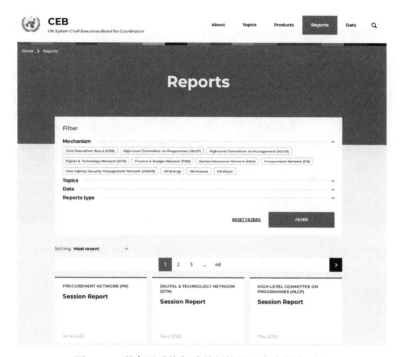

图4-34 联合国系统行政首长协调理事会报告页面

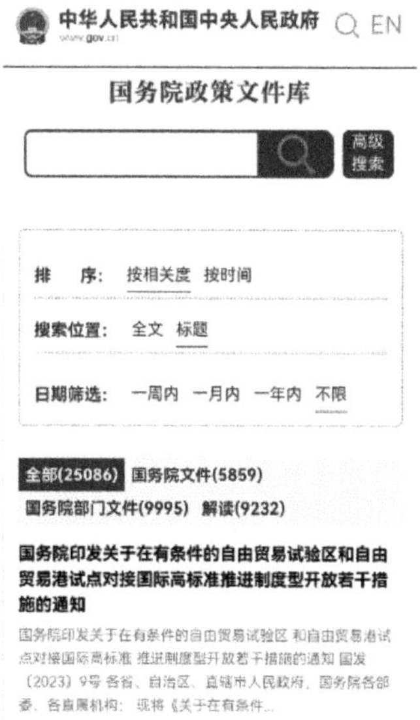

图4-35 国务院政策文件库

95

图4-36 美国政府出版局网站

第5章

专题数据检索

5.1 认识数据及数据检索

5.1.1 数据、数据资源、数据集

1. 数据

数据,我们都很熟悉,生活、工作、学习都离不开数据。电商网站各种商品的价格、城市重点路段上下班高峰时期的车流量、GDP及其增长率、影视明星在社交网络中影响力的对比数、某一个城市每一个公共厕所的位置坐标等,这些都是数据。

数据与信息关系密切,数据是信息的一种表现形式,信息是数据的内涵。广义地理解,符号、文字、数字、语音、图像、视频等形式的内容都可以称为数据;狭义的数据,一般指的是以数值为核心的数据。

2. 数据资源

数据资源指的是能够被人们利用的数据。世界上的数据很多,来源不同,形式多样,用途各异,一般来说,只有能够用于解决问题的数据才称为数据资源。数据资源的价值与使用主体、使用场景密切相关,有些数据资源,对某些人来说可能没有价值,对另外的人来说可能具有很高的价值,这涉及数据的优化配置问题。有些数据资源,现在价值很高,可能过段时间就没价值了,这涉及数据的时效性问题。

3. 数据集

数据集是数据资源的一种重要形式,是近年来逐渐流行的一种数据资源类型。简单地说,数据集就是大量结构化数据的集合。从资源利用的角度看,数据集可以认为是通过互联网获取、具有特定格式、能够进行数据处理的数据资源。有些数据集是能够下载的数据文件,格式一般为xls、csv、zip,有些数据集提供数据接口,用户可以依据需要按照一定的规范进行远程调用。

互联网上不少平台以数据集的方式向用户开放数据，也有如Google数据集搜索等专门的数据集搜索引擎。

5.1.2 数据的应用

数据的用途很广，主要体现在以下几个方面：

（1）数据是美好生活的助手。我们的日常生活离不开数据，房价、菜价、油价、气温等数据与我们的生活密切相关。网上购物要学会同款比较发现最低价，出门旅行要了解天气和交通数据，外出吃饭要先查询好评数，等等。

（2）数据是各类决策的依据。决策离不开数据的支撑：高考填志愿，不仅要考虑自己的成绩和排名、当年的提档线、前几年的提档线，还要考虑目标学校的排名、历年招生分数线等多种数据。企业的财务决策，需要考虑的数据更多，宏观经济数据、企业自身的财务指标，预测的销售量、生产量、采购量等，这些数据都会影响企业的财务决策。国家的经济政策更离不开数据的支撑，GDP总量、税收增长率、利率、汇率、物价指数、失业率、进出口额等，都是宏观决策所依据的数据。

（3）数据是科学研究的基础。科学研究离不开数据，无论是描述现状，还是提出问题，都需要数据作为依据来支持研究提出的论点。

5.1.3 获取数据的渠道

互联网普及之前，印刷版的年鉴是传统的数值型信息的主要获取渠道。年鉴是全面、系统、准确地汇集某一年度或多个年度事物发展状况的资料性工具书，其中统计年鉴主要收录具体领域宏观层面的统计数据。随着互联网的普及，为方便用户的获取与利用，有些统计年鉴开始有电子版。例如《中国统计年鉴》不仅有印刷版，也有电子版。但是统计年鉴提供的数据的规模、粒度、更新受到出版节奏的限制，非结构化的数据也不利于用户的检索和处理，在一定程度上影响了统计数据的推广利用和价值实现。

目前，专业的数据获取渠道包括专业数据库、统计数据开放平台、数据开放平台、网络指数平台等。也有不以提供数据为目的但确实能获取数据的平台，如淘宝、京东、贝壳网等并不是专业的数据检索系统，但这些网站确实能够查询具体商品的价格数据。

5.2 统计数据检索

5.2.1 各级统计局和政府各部委网站上的统计数据

1. 国家统计局

国家统计局是我国统计数据编纂和发布的主要机构，网站有一个"国家数据查询平台"，免费提供各项统计数据的查询、下载、分析服务，可一站式检索或导航查找数据。平台数据包含年度数据、季度数据、月度数据、普查数据、地区数据、部门数据、国际数据等，还可以在线查阅电子版的《中国统计年鉴》《中华人民共和国国民经济和社会发展统计公报》《国际统计年鉴》《金砖国家联合统计手册》等。

2. 各省市统计局网站

国家统计局负责全国性统计工作，各地统计数据的编纂和发布由各省市统计局负责。各省市统计局网站是获取各地统计数据的重要渠道。

3. 政府各部委网站

政府各部委网站也是获取统计数据的重要渠道，这些机构一般会发布本领域统计数据，在其网站上会有专门的统计数据发布栏目。例如，在教育部的网站有专门的教育统计数据、教育发展统计公报；工业和信息化部网站有专门栏目提供各种与工业和信息化相关的统计数据；住房和城乡建设部网站也有专门的统计数据发布栏目，提供《城乡建设统计年鉴》和各种统计公报的下载服务。

5.2.2 国内外数据开放平台

社会信息化的迅猛发展促进了数据的生产、存储、传输和利用。一方面，整个社会在运行的过程中不断创造并积累了大量的数据；另一方面，大数据时代数据已经成为日常生活中不可或缺的一部分，包括个人在内的社会各主体在参与社会实践的过程中有各种各样的数据需要。在这种背景下，数据开放已经成为社会发展的客观要求。互联网的普及为数据在更大范围内的传播和利用提供了条件，数据开放在操作层面具有可能性。

数据开放的对象是开放数据。开放数据是一类可以被任何人免费使用、再利用、再分发的数据，强调数据的原始完整、及时发布、平等获取、机器可读。所以，开放数据是我们可以利用的优质信息资源，数据开放平台是我们获取数据资源的重要渠道。

目前，各国政府、国际组织、科研机构、行业协会、企业等社会主体积极参与并推动数据开放运动，通过数据开放平台向公众开放数据。

1. 其它国家政府数据开放平台

DATA.GOV是美国政府创办的数据开放平台，旨在开放美国政府数据。通过这个平台，数据需求主体可以免费查询、下载数据，还可以利用网站提供的API实现第三方应用的调用。另外，这个平台还链接了美国政府其它部门的开放数据平台，如美国健康数据平台（https://healthdata.gov）等。

英国（https://data.gov.uk）、加拿大（https://open.canda.ca）、澳大利亚（https://data.gov.au）等国家也有各自的数据开放平台。

2. 我国政府数据开放平台

目前，我国大多数省（自治区、直辖市）、市地方政府通过政府数据开放平台向公众开放数据。数据开放的范围包括财税金融、工农业生产、交通运输、科技创新、医疗卫生、生活服务、生态环境等诸多方面，涉及绝大多数政府部门。在搜索引擎中输入"数据开放"这个关键词，加上具体省或者城市名，很容易就能找到。

案例：查找深圳市宝安区每一个图书馆的数据。

做一个"公共服务"方面的课题，需要深圳市的图书馆数据，数据要具体到每一个图书馆的位置、地点、每天的开放时间。

第一步，找网站。用搜索引擎搜索"深圳 数据开放"，很容易找到深圳市政府数据开放平台。

第二步，注册登录。

第三步，搜索，在首页的搜索框中输入图书馆，其中有一个名为"宝安区-图书馆信息"的数据集。

第四步，下载和查看数据。

3. 国际组织的数据开放平台

联合国、世界银行、国际货币基金组织、经济合作与发展组织等国际组织也提供开放数据，有专门的数据开放平台，向全球用户提供免费的数据服务。

1）联合国

UNdata（https://data.un.org）是联合国重要的数据开放平台，提供联合国系统内的开放数据资源。

2）世界银行

世界银行是世界银行集团的简称，国际复兴开发银行的通称，也是联合国的一个专门机构，旨在向成员国提供贷款和投资，推进国际贸易均衡发展。

此外类似的数据开放平台还有国际货币基金组织（IMF）、经济合作与发展组织（OECD）等。

5.3 法律信息检索

无论是工作、学习还是生活，都离不开法律信息。与法律相关的信息有很多，能够通过互联网获取的也不少。从利用角度来看，国家的各种法律法规、各级法院的裁判文书、司法执行信息、司法案例、庭审直播视频都是重要的信息资源。国家司法部、最高人民法院等部门有法律相关的信息检索系统，可以免费检索。也有一些与法律相关的商业数据库，如有权限，也可以利用。

5.3.1 法律法规检索

法律法规是社会运行的安全保障，绝大多数国家或地区都有系统的法律法规体系，这些成文的法律法规是一种重要的信息资源。由于各种法律法规会不断更改或者修订，所以在利用这些信息资源的时候，要注意时效性。

查询我国的法律法规，可以选择司法部旗下的法律法规数据库、中国法院网旗下的法律文库等平台。这些资源系统，不但信息权威性强，而且完全免费。另外一些法律相关的商业数据库也提供法律法规的免费查询，如北大法宝、法律之星等。

1. 国家法律法规数据库

国家法律法规数据库（https://flk.npc.gov.cn）如图 5-1 所示。

图 5-1 国家法律法规数据库首页截图

2. 法律文库

法律文库（http://lawdb.cncourt.org）如图5-2所示。

图5-2　法律文库数据库首页截图

3. 北大法宝

北大法宝（https://www.pkulaw.com）如图5-3所示。

图5-3　北大法宝数据库首页截图

4. 法律之星

法律之星（http://law1.law-star.com）如图5-4所示。

图5-4　法律之星数据库检索页面

查询国外的法律法规思路类似。先到具体国家相关部门的网站查找针对性的查询平台。例如查美国的法律法规，可以试试美国法典网、美国法律资源在线、美国国会法律图书馆等。此外还有国外法律法规相关的商业数据库，如Westlaw Next等，需要相应权限。

5.3.2　裁判文书检索

裁判文书是记载人民法院审理过程和结果的文件，是诉讼活动结果的载体，也是人民法院确定和分配当事人实体权利义务的唯一凭证。裁判文书有多种类型，具体包括各级人民法院出具的判决书、裁定书、调解书、决定书、通知书、令、函、答复等。

中国裁判文书网（https://wenshu.court.gov.cn）是最高人民法院旗下的信息公开平台。根据《最高人民法院关于人民法院在互联网公布裁判文书的规定》，除涉及国家秘密、未成年人犯罪等少数情形外，我国各级人民法院的大部分裁判文书都要通过中国裁判文书网公布。所以中国裁判文书网是检索我国裁判文书的重要平台（图5-5）。

图5-5　中国裁判文书网首页

案例：巧用中国裁判文书网，寻找靠谱的律师。

某人因打官司需要找律师，咨询了几家律所，有几个律师都说自己比较有经验，在比较其业务水平时，其中一个重要环节就是了解这些律师曾经代理过的案件。

可以通过中国裁判文书网选择检索点"律师"，输入律师姓名，在检索结果中结合其它信息根据地域进行进一步筛选，找出其之前作为律师代理过的案件的裁判文书。

根据裁判文书的关键字、案由、内容、判决结果等信息对候选律师做进一步了解，并决定最后由哪一个律师代理自己的案件。

5.3.3　司法执行信息检索

司法执行信息一般是指各级法院依法向社会公开的与司法执行相关的信息，主要包括被执行人信息、限制消费信息、失信被执行人信息、终本案件信息等。司法执行信息可以帮助我们了解具体人和组织机构的信用状况，是尽职调查的重要信息来源。查询我国的司法执行信息，可以登录中国执行信息公开网。

1. 被执行人信息

通过法院判决，需要承担对应执行义务的人员，进入执行程序时，都可以称为被执行人，被执行人可以是个人，也可以是组织机构。被执行人信息一般包括被执行人姓名或名称、身份证号码或组织机构代码、执行法院、立案时间、案号、执行标的等信息。

2. 限制消费信息

限制消费是指被执行人未按执行通知书指定的期间履行生效法律文书确定的给付义务的，人民法院可以采取限制消费措施，限制其高消费及非生活或经营必需的有关消费。如果未按执行通知书指定的期间履行生效法律文书确定的给付义务的被执行人是单位的，限制消费的具体对象除被执行人外，还包括其法定代表人、主要负责人、影响债务履行的直接责任人员、实际控制人。限制消费信息包括姓名、身份证号、限制消费令等。

此外还可以利用中国执行信息公开网查询失信被执行人信息、终结本次执行案件信息。

案例：用中国执行信息公开网查询乐视公司。

调查一家公司，中国执行信息公开网是一个重要的渠道。中国执行信息公开网是最高人民法院旗下的综合查询平台，可以查询被执行人、限制消费人员、失信被执行人、终本案件、财产处置等信息。

乐视曾经是一个庞大的企业集团，旗下有多家公司，这些企业的名称中一般都有"乐视"两个字。中国执行信息公开网相关查询中，一般支持模糊查询，涉及被执行人姓名或名称的，只需输入两个汉字即可。所以查询乐视旗下企业的被执行信息，在综合查询被执行人界面下选择检索点"被执行人姓名/名称"，输入检索词"乐视"，"执行法院范围"选择"全国法院（包含地方各级法院）"，不填组织机构代码，输入验证码即可查询（图5-6）。

图5-6 综合查询被执行人检索结果

5.3.4 庭审直播录播视频检索

庭审直播、录播是一种面向社会大众的司法公开方式，有利于确保司法公正、提升司法能力、树立司法公信。近年来，各级法院通过网站、微博、微信等互联网平台向社会开放庭审直播和录播视频。这些庭审视频作为一类重要的信息资源，不仅是法律专业相关学生和从业者的学习资料，而且有利于向普通民众宣传法律知识。

庭审直播、录播视频，一般可以在各级人民法院的网站、微博、微信公众号等平台上获取。最高人民法院旗下的中国庭审公开网是获取全国庭审直播、录播视频的权威平台，国内大多数法院接入了这个平台，每天直播案件数以万计，累计直播案件近千万件（图5-7）。

图5-7 中国庭审公开网首页

5.4 教育数据检索

教育数据的检索和获取主要有三种途径：一是国家、政府相关网站，例如中华人民共和国教育部、省市教育厅、教育局等，获取权威教育数据；二是一些商业机构依托开放教育数据，进行加工处理后建设的数据平台、数据库等，如青塔网；三是一些数据导航平台，主要集成教育相关数据网站，建设一些教育专题导航等。此外零散的教育数据还可以通过政府部门、学校、营利性教育机构等的微博、微信公众号等途径获取。

1. 教育部

教育部网站（http://www.moe.gov.cn/jyb_sjzl/）内容涵盖各级各类学校数、各级各类学校教职工数据、招生数、在校生数、毕业生数、分学科研究生情况、学龄儿童净入学率、小学升学率、初中升学率、教育经费等（图5-8和图5-9）。

2. 青塔网

青塔（https://www.cingta.com/opendata/list）是一个数据科技公司，主要为政府、高校、科研机构及企业提供数据云产品，目前整合有2.26亿高等教育大数据，基础数据来自于教育部等权威数据源，可免费获取，高级功能需要付费使用（图5-10）。

图5-8 教育部网站首页

2020年教育统计数据	全国基本情况	
全国基本情况	· 各级各类学校校数、教职工、专任教师情况	2021-08-30
各地基本情况	· 各级各类学历教育学生情况	2021-08-30
	· 各级各类民办学校校数、教职工、专任教师情况	2021-08-30
	· 各级各类民办教育学生情况	2021-08-30
	· 各级各类学校女学生数	2021-08-30
	· 各级各类学校女教师、女教职工数	2021-08-30
	· 各级各类学校少数民族学生数	2021-08-30
	· 各级各类学校少数民族教师、教职工数	2021-08-30
	· 高中阶段学生数的构成	2021-08-30
	· 小学学龄儿童净入学率	2021-08-30
	· 各级普通学校毕业生升学率	2021-08-30
	· 高等教育学校(机构)数	2021-08-30
	· 高等教育学校(机构)学生数	2021-08-30
	· 分举办者研究生数(总计)	2021-08-30
	· 分举办者研究生数(普通高校)	2021-08-30
	· 分举办者研究生数(科研机构)	2021-08-30
	· 分学科研究生数(总计)	2021-08-30
	· 分学科研究生数(普通高校)	2021-08-30
	· 分学科研究生数(科研机构)	2021-08-30
	· 普通、成人本专科分举办者学生数	2021-08-30

图 5-9　2020年教育统计数据具体内容

图 5-10　青塔网站首页

3. 大数据导航——教育数据

大数据导航网站教育数据部分（http://hao.199it.com/edudata.html）根据是否需要付费，将教育数据网站分为两部分：免费工具和付费工具。内容覆盖国内外常用教育数据网站，包括联合国教育指数、美国教育数据、中华人民共和国教育部等（图5-11）。

免费工具			
中国教育科学研究院	中国教育数据统计	学位与研究生教育数据中心	世界教育数据
教育部	中国教育统计网	教育统计数据库	马来西亚华校教育数据
美国教育数据	全国小学分布	世行教育统计	国家统计局教育数据
香港教育局数据中心	Global Teacher Status Index	全球教育指数	联合国教育指数
大学报考图谱	中国大学排行榜	原创写作和数字反馈	教育APP风云榜
Teamieada	教学点评网		

付费工具			
Schoolzilla	Ellevation	Panorama	BrightBytes
LearnSprout	MasteryConnect	Clever	考试资料搜索工具

图5-11 大数据导航——教育数据页面截图

5.5 医疗健康数据

常去的医院，看病的医生，护理的护士，到底有没有资质？吃的药品，戴的口罩，用的化妆品，到底有没有问题？充斥电视、广播、报纸、互联网等媒体的"三品一械"（药品、保健食品、特殊医学用途配方食品、医疗器械）广告，到底可不可信？其实可以通过查询得到答案。

1. 医卫资质信息检索

通过国家卫生健康委员会的官网可以查询医卫资质信息。在国家卫生健康委员会官网"服务"栏目可以查询很多医卫项目、名单、资质等信息，其中包括器官移植机构、辅助生殖机构、爱婴医院名单、医院执业登记、产前诊断技术医疗机构等（图5-12）。

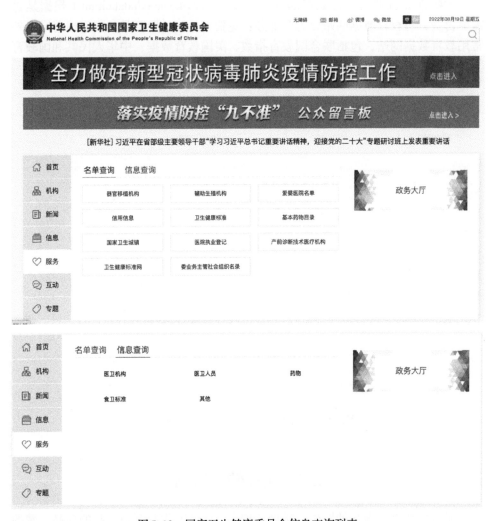

图5-12 国家卫生健康委员会信息查询列表

案例：查询医生资质。

第一步，查找国家卫生健康委员会官网。

第二步，寻找查询入口。在国家卫生健康委员会官网左边的导航栏，选择"服务"菜单，出现"名单查询"和"信息查询"两个栏目。国家卫生健康委员会提供的查询服务，大多集中在这两个栏目下面。单击"信息查询"，有医卫机构、医卫人员、药物、食卫标准、其它五种查询类别。

第三步,设置查询条件。移动鼠标到"医卫人员"上方,出现执业医师和执业护士两个选项。选择"执业医师",在弹出的界面中选择省份,填入医师姓名、医院名称和验证码,然后单击"查询"。如果能看到执业地点、姓名、医师级别等信息,说明这个医生在这个医疗机构是有行医资质的。如果找不到结果,至少说明这个医生在这家医疗机构是没有行医资格的。

2. 药品、医疗器械、化妆品信息检索

根据《药品注册管理办法》规定,我国对药品实行注册管理,在我国研制、生产、上市的药品,都要先注册。根据《化妆品监督管理条例》规定,化妆品分为特殊化妆品和普通化妆品,我国对特殊化妆品实行注册管理,对普通化妆品实行备案管理。根据"医疗器械监督管理条例"规定,我国对第一类医疗器械(低风险)实行产品备案管理,第二类(中风险)、第三类(高风险)医疗器械实行产品注册管理。这些注册和备案信息,由国家药品监督管理局负责向公众免费开放,公众可以通过国家药品监督管理局官网免费查询(图5-13)。

图5-13　国家药品监督管理局数据查询

案例：查询口罩的注册信息。

口罩已成为生活必需品，口罩分类很多，目前比较常见的是医用护理口罩，属于典型的医疗器械，而且属于第二类医疗器械，是应该到国家药品监督管理局注册的。注册信息可以按以下步骤查询。

第一步，找到查询系统。通过搜索引擎找到国家药品监督管理局官网，然后在这个网站找到"医疗器械"查询的链接。

第二步，设置查询条件。在查询界面右侧的"高级查询"中输入注册证编号，然后单击"查询"。

第三步，查看详情。单击查询结果，可以看到详情。核对包装上面的信息与这个注册信息是否相符。

第6章

学术论文写作与投稿

学术论文的撰写与投稿行为可以反映一个人的科研能力、学识水平、写作功底和信息检索素养等多方面的综合能力。同时学术论文的撰写与投稿必须遵循一定的规范与约定,否则即使是一篇优秀的论文也有被期刊编辑部退稿的可能。因此,掌握学术论文撰写的基本规范,了解论文投稿的相关要求,是一名科研工作者取得成功、获得同行认可的前提。

本章将从什么是论文、论文的选题以及论文投稿等几个方面介绍一篇论文是如何生产出来的。

6.1 学术论文概述

6.1.1 学术论文的定义

《科学技术报告、学位论文和学术论文的编写格式》(GB 7713—1987)的定义:学术论文是某一学术课题在实验性、理论性或观测性上具有新的科学研究成果或创新见解和知识的科学记录;或是某种已知原理应用于实际上取得新进展的科学总结,用以提供学术会议上宣读、交流或讨论;或在学术刊物上发表;或作其它用途的书面文件。

《中国大百科全书》给论文的解释是:论文是为研究某一科学领域的专门问题而撰写的具有一定学术价值的文章。通常有3种形式:①登载于学术性连续出版物或论文集中的普通学术论文;②在学术会议上宣读或作为会议交流资料的学术会议论文;③为获取一定学位资格而撰写的学位论文。

6.1.2 论文的分类

一般学术论文:是科研成果的文字表达形式之一,其内容着重突出研究工作中最精彩的部分,论述有创造性的成果和体会;学术论文可以发表在期刊上,也可以在会议上宣读。

学位论文：是学位申请者为申请学位而写作的学术论文。我国学位论文分为学士、硕士和博士论文三种。通常情况下，学士学位论文要求对所研究的课题有一定的心得，硕士学位论文要求对所研究的课题有新的见解，博士学位论文要求对所研究的课题提出创造性的研究成果。

此外，学术论文还有其它多种分类方式：

（1）按照学科划分，可分为哲学论文、社会科学论文、自然科学论文。

（2）按学科性质划分，可分为基础学科论文和应用技术学科论文。

（3）按用途和发表形式划分，可分为学术期刊论文、学术会议论文、学位论文。

（4）按体裁划分，可分为研究型论文和报告型论文。

6.1.3 学术论文的特点

学术论文具有与一般性文章或创作作品不同的特点，一般来说，主要有以下几点：

（1）科学性。科学研究的目的是揭示事物发展的内在本质和变化规律，因此，论文必须要求真求实，具有科学性。科学性，主要表现在实验材料上，不能弄虚作假；实验过程中，要方法合理、操作规范、观察仔细，不能捏造数据；在立论推导上，不能带有个人偏见、主观臆测，要忠于实验结果；在结果讨论时，不能夸张夸大，要实事求是，用专业的知识进行科学分析；在评价自己和他人的研究成果时，要客观公正，不能刻意抬高自己贬损他人。

（2）逻辑性。不同于一般论文比较自由地展开议论，学术论文写作要求作者经过周密的思考、严谨而富有逻辑效果的论证；而由于科学对象或现象的复杂性，决定了学术论文写作必须运用科学的概念、判断、推理、证明或反驳等手段，来分析、表达在实验、理论、观测方面的研究成果或见解。

（3）创新性。新理论、新方法、新定理的"创建"与新材料、新工艺、新仪器的"创造"创新是学术论文的生命，有生命的论文才能推动科学技术的不断发展与进步，这样的论文才有价值。选题有新开拓、新进展，研究别人没研究过的问题、对已有结论提出质疑、修改和补充传统观点、发掘新材料、构筑新范式、做出新预测、提出新方案、使用新方法等，都是创新，都是有价值的。衡量学者的价值标准，不是论文的篇幅和数量，而是创造、是新颖，没有亮点和发现，没有创新之处，就没有写作必要，写出来的也只是学术泡沫和垃圾。

（4）规范性。学术论文的撰写和发表是为了交流、探讨和传播科学信息，每篇论文都应该按照规范格式和要求撰写。在语言上要明确简洁，论述上要层次分明、严谨客观。具体而言，在选题、提纲、开题报告、结构、逻辑、内容、引用、格式、发表等方面都有不同的规范，都需要遵守。

6.1.4 撰写论文的意义

撰写论文的意义如下：

（1）增加社会知识财富，促进学术交流。撰写论文可以增加社会的知识积累，丰富人类的知识宝库，研究成果写成论文发表后，借助期刊、互联网等渠道，可以将研究内容传播到全世界，能为同时代和后代人继续攀登科学高峰做出贡献。

（2）宣告成果的首创权。发表论文是确认科研人员对某些发现或发明创造首创权的重要依据。例如，1977年屠呦呦等将青蒿素作为化学物质的研究工作首次公开发表于《科学通报》，当时国内外几乎无人知道这篇论文，但是临床效果奇佳，38年后，经过诺贝尔奖基金会调研验证，屠呦呦最终获得了2015年诺贝尔生理学或医学奖。

（3）对个人而言，可以提高作者调动和运用知识的能力，掌握分析研究问题的方法，可以提高科研能力、科研水平及理论思维水平。同样，学生申请学位、评奖学金、教师晋升、评职称等，论文都是考核和评价的重要指标。

6.1.5 完成一篇论文的基本流程

学术论文的写作一般包括以下几个步骤。

1. 确定选题

选题是论文写作的起点，选题是否恰当，从一定意义上来说，决定了论文质量的高低，甚至关系到论文的成败。因此，选题工作是论文写作关键性的第一步。

主题是论文所要表达的中心思想，是全文思想内容的高度概括和集中表现，论文的材料取舍、结构安排、论点、论证、结论等都要服务于主题。主题应具有鲜明、集中、深刻、新颖的特点，它贯穿于论文始终，需要应用充分的例证、数据、结果及引用文献对主题进行明确、突出的论证和表达。

2. 资料搜集、整理

撰写论文不是无凭无据的"信口开河"，需要搜集大量的文献资料作为依据来佐证自己的观点，支持自己研究的实施。因此在确定了选题之后就必须开始有针对性的资料收集、整理、分析。同时，对于搜集到的资料、数据需反复推敲其科学性、典型性以及代表性，使文章更具有价值。值得一提的是，资料的搜集应贯穿论文写作的全部过程。

3. 选择并应用研究方法开展科学研究

科学研究是指以客观事实为对象,以科学方法为手段,遵循一定的研究程序,以获得科学规律或者新知识为目标的系统实践过程。论文的撰写须以研究为基础。概括而言,研究方法包含"量的研究"和"质的研究"两大类,经常会用到的有问卷法、访谈法、个案法、实验法、叙事法等。具体研究方法是人们在长期的科学研究中,不断总结、提炼而成的。

4. 论文撰写及修改

论文的撰写是指将作者的主张、观点以及研究过程和结果以文字、图表的形式客观呈现出来,是作者智慧的结晶。论文的撰写过程一般包括提纲、初稿、修改稿、终稿几个阶段。值得注意的是,好的论文是修改出来的。反复修改是优秀论文写作的法宝之一。

6.2 论文选题

确定选题是写论文的第一步。俗话说"题好一半文",选准了论题,就等于完成了论文写作的一半,题目选得好,可以起到事半功倍的作用。选题不确定,科研工作就无法进行;选题不恰当,直接影响科研任务完成,甚至决定科研的成败。选题的重要性不言而喻,下面介绍选题的重要性以及如何落实选题。

6.2.1 选题的重要性

选题就是要确定研究的方向、范围、对象或探讨的主要问题。正确而又合适的选题,对撰写学术论文具有重要意义。选题的重要性主要表现在以下几个方面。

1. 获取材料、知识

问题越明确,越有利于寻找材料,选择合适的途径和办法,以最快捷的方式解决问题。在选题阶段,随着研究方向的逐渐明确,我们会对准研究目标,根据研究需求,不断收集和补充相关的资料,有针对性地弥补知识储备的不足。这样一来,选题的过程,也成了学习新知识、拓宽知识面、加深对问题理解的好时机。

2. 决定价值和效用

论文的成果与价值,最终当然是由文章的最后完成和客观效用来评定的,但选题对其有重要作用。确定选题不仅仅是给文章定个题目和简单地规定个范围,一个好的选题,需要经过作者多方思考、互相比较、反复推敲、精心策划,经过这一系列科研的过程,才能提出一个像样的问题,论文的选题才有意义,写出来的文章才有价值，如果选定的题目毫无意义，即使花了大量时间和功夫，文章的结构和语言即使很不错，也不会有什么积极的效果和作用。

3. 规划方向、角度和规模

我们在确定选题的过程中，随着所收集资料的积累，思路会渐渐打开，会产生多种想法，但是它们还处在分散的状态，需要有一个选择、鉴别、归拢、集中的过程，需要分析事物之间的联系和差别，要经过提炼，形成属于自己的观点，并将论点确定下来。在这个过程中，论文的着眼点、论证的角度、研究的方法以及大体的规模在我们的头脑中会逐渐清晰，形成一个初步的轮廓。

4. 保证研究和写作

选题合适，科研才能达到预期效果。选题过大过难，难以完成任务；反之，选题过于容易，又不能较好地锻炼科研能力，达不到撰写论文的目的，研究成果的价值也不大。因此，选择一个难度大小合适的论题，能够保证研究和写作的顺利进行。

6.2.2 确定选题的程序

确定选题需经过发现问题和明确论题两个阶段。问题不是给定现成的，而是研究出来的，是进一步深化认识的结果。问题总是深藏在复杂的现实背后，确定选题是一个"剥笋"过程。通常都是先确定一个方向，再不断地研究，不断地调整。只有对研究领域的过去、现在进行全面把握、深入分析，才能逐步明确、提炼和确立课题。主要有以下几个程序。

1. 确定大方向，划定兴趣范围

确定题目，需要先大量地接触、收集、整理和研究资料，从对资料的分析、选择中确定自己的研究方向。查阅资料、文献，广泛浏览相关的报道和文献，找到其中的"症结"或"热点"。对某些问题产生兴趣，或认为问题值得进一步研究，就可以作为研究对象。思维不断发生碰撞，产生思想火花和飞跃，或者有独到见解，或是对已有结论的深化，或者反驳不同观点，是选题的重要的思想基础。

2. 提炼、深化

通过文献综述，对所研究的问题由感性认识上升到理性认识，加以条理化、系统化。在收集、研究材料的过程中，对原先拟订的研究对象作进一步的调整或修正，不断深化、完善甚至改造选题，逐步缩小为具体的选题。

3. 确定选题

在若干重点中分析、深入研究，清晰、正确地表征问题，确定课题。考察问题的可研究性、研究空间和研究的可行性，理清问题的内在逻辑，明确研究对象，最后选定具体题目。

找准和确定了研究的问题，研究才能真正开始。

6.2.3 确定选题的原则

选题虽因人而异，无固定模式可循，但决定选题的弃取也不乏共性的标准和依据——"原则"。学术论文的正确选题，需要按照一定的原则，以避免选题的一般化、单一化、平淡化和平庸化。学术论文的选题确定应符合的一般原则，见图6-1。

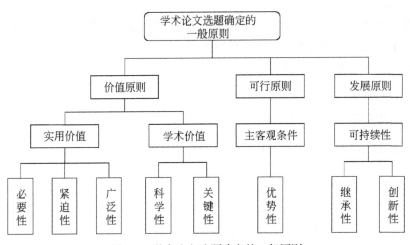

图6-1 学术论文选题确定的一般原则

1. 价值原则

学术论文选题的价值何在，能对社会实践及科学发展产生什么作用和影响，在确定选题时必须高度重视。一方面是短期内见效、直接且易见的实用价值；另一方面是比较潜隐、对科学发展具有长远作用的学术价值。从社会与科学发展角度看，这两个方面同等重要。选题只有为社会所必需、对社会有所贡献，研究价值才能得到实现与回归。社会需求是多层面的，既有社会意识形态领域的需求，也有生产实践方面的需要。在短期内亟待解决的、能产生重大经济效益和应用价值的问题应作为首选课题。

选题的实用价值要兼顾目前与长远，对于一些理论研究，在短期内实用性并不显著，但其远期效益却难以估量，如X射线、镭和原子能等理论研究成果，具有潜在的巨大应用价值。学术研究必须以科学理论作指导，以客观事实为依据，建立在科学的世界观和方法论基础上，以科学的思维方法，揭示事物发展的内在本质和发展变化的一般规律。因此，学术价值是学术论文区别于其它文体的本质特征，在确定选题之初就必须考虑。单篇论文无须论证得全面系统，往往截取某一"横断面"或某一"点"来实现理论上的关键性突破，这能够使选题更加明确和集中。

2. 可行原则

从主客观条件两个方面考虑选题的可行性，即是否具备开展研究的条件。无论是自然科学还是社会科学，也无论是基础理论还是应用实践，需要深入研究和解决的科学问题很多，主客观条件不具备时，投入再多的人力、物力，成功的希望也很渺茫。

研究者要根据完成所选论题的主客观条件，主要包括所处时代社会发展、科技水平等，自身研究能力、业务专长以及研究兴趣，研究基础、文献资料、仪器设备等物质条件，选择适于深入研究和探讨的论题。要善于扬长避短，坚持深浅适度、量力而行，选择在知识储备、个人专长和物质条件等方面均具有优势，自己也充满浓厚兴趣的论题，以及既需要经一番努力同时又是自己能够胜任的课题，确保所选论题的顺利开展。

3. 发展原则

科学发展的过程，就是不断积累、继承和延伸的过程。选择课题要注意选择有发展潜力、前景广阔、有利于开展的课题，伴随研究的深化，一个课题完成之后，会引出一连串新的课题，逐步向某个方向拓展，最后甚至会开辟出新的研究方向。这种选题犹如处于一个整体性研究的不同阶段，能衍生出许多分支课题，同时节省了重新确定选题、论证的时间，有利于多出、快出成果，实现科学发展的可持续性。学术论文，贵在创新，要能提出新的观点、理论、见解、学说，创出"新意"。

当旧理论无法合理解释所面临的问题时，就会被新的理论所取代。这一修改和创新过程循环往复，才使科学不断发展。创新性有三种不同的表现形式：①以原有理论、方法分析解决新问题；②采用非常规方法、思路，解决老问题，其新意在于方法的变换、理论的推进或角度的变换；③以全新的方法、理论探索没有涉足过的未知领域。第三类创新，其成果的价值胜于其它两类，但难度相应地也更大。科研发展的层次越深，创新的难度越大，特别是理论研究，成果具有世界通用性，它的先进与否是相对于人类知识的总体而言的。应用技术研究及社会科学研究的创新性，在不同的范畴内是存在差异的，某项技术在某一地区、某一国家或许前所未有，而在更大的范围内，其先进性可能会荡然无存。因此，选择的课题只要在特定的参照系下是有新意的，即可称为"创新"。

6.2.4 确定选题的途径

确定选题的途径多种多样，研究的问题可以来自对日常生活的观察，对学习中出现问题的思考，对自身经历的反思，对社会现象的探究；也可能来自对文献的阅读，对新闻报道的反应；甚至可能来自和同学的闲聊，与别人的对话，或者别人的提问。罗马不是一天建成的，我们应当在日常的学习工作过程中逐渐领悟并积累经验。这里介绍几种常用的确定选题途径。

1. 请教导师

在选择课题时，请教导师往往会得到令人满意的结果。一个成熟的学者，经过多年的研究和探索，不断形成了自己的研究方向，在自己的研究方向内有一系列的研究课题。在科学研究中，认真听取导师的意见是很重要的，导师的这种宝贵经验财富，往往在确定选题中是最有效的，因为他们这些丰富的经验是在几十年的实践中总结出来的，因此，这种选题往往容易成功。

2. 广泛阅读文献，从文献研究中获得选题

广泛阅读文献是获得研究灵感的重要源泉。在全面大量阅读有关研究文献的基础上，收集自己所研究的问题在一定时期内已取得的研究成果、存在的问题以及新的发展趋势等信息，这样我们就会知道在某个研究领域，哪些是已知的，哪些是未知的。换句话说，找出以往研究中的谬误之处、不足之处和矛盾之处，还有什么是需要做的。在此基础上，我们就可以博采众家之长，结合自己的深入思考和想象力，激发研究的灵感，找到好的课题，走出一条新路。此外，文献阅读还可以为我们的研究提供理论基础、研究方法和测量方法，使我们的研究少走弯路。

在阅读文献时，大家要注意两点：第一，始终带着疑问、审视、评论的眼光，不要过于恭敬地、崇拜地、盲目地接受书籍上、文章中所说的一切，而应大胆质疑；第二，进行广泛的联想，可以从纵向与横向、形式与内容、对象与方法、时间与空间等方面，从不同角度、不同侧面、不同层次，对阅读的文献进行广泛联想。由此及彼，换个角度思考，往往能开启新的思路。

3. 从学科前沿和研究热点中获得选题

基于已有研究成果进行综述，有利于获得学科的前沿动态，追踪最新的研究热点。学术争论在科学史上从未间断过，也正是由于有了这种争论，才推动了科学自身的发展。对于同一对象、现象或过程，存在着不同观点、不同学派之间的学术争论，这是科学发展过程中常有的事情。大家各持己见，似乎都有一定的道理，但又不能完全令人折服。像这样的热点问题，就需要作进一步的研究。或赞成，或反对，或另辟路径，以充分的论据论证自己的观点，驳倒其它观点，论文

就会有所突破。

4. 从交叉学科中获得选题

交叉学科，是两种甚至多种学科交融的产物。例如，计算机、通信技术、电子技术、测控技术等交叉产生了物联网；生物、计算机、数学、统计、物理、化学等交叉产生了生物信息学。

科学发展史表明，不同学科之间的边缘问题、交叉问题从来都是科学上的重要生长点。因为这种问题原先是各门专门学科未能顾及的，是认识上的空白地带。如果善于在这里进行科学耕耘，很可能采集到新的认识成果。

科学发展的趋势是交叉和渗透，会产生大批崭新的综合性研究课题。大多数研究者往往专注于自己熟悉的领域，而对相邻的领域或不相关的领域没有给予足够的关注，或对相关领域的专业知识不足，失去许多发现有研究价值的选题机会。现代科学研究越来越需要研究者拓宽视野，掌握跨学科的相关知识，培养敏锐的观察力和敏感性，从跨学科的交叉领域中选择课题，从而获得科学上的突破。王选院士是从跨学科领域研究中选择课题的突出代表，成功解决了激光照排难题，为我国报业和印刷业发展做出了突出贡献。

5. 参加专业研讨会

参加国际、国内或地区的专业研讨会是确定选题的另一个来源。实际上，许多研究人员都是通过这些研讨会成功地找到了自己的研究课题。学术研讨会上的信息往往是最新的，从中能了解其它学者最近在从事什么研究，有什么新的观点和新的发现，通过了解会议主题和参加专题讨论，可以掌握同一领域内的其它学者所关注的热点问题和前沿问题。另外，参加研讨会可以接触资深专家，与一些著名专家近距离地交流，向他们请教并建立学术联系。

6. 参考现有行业动态、选题指南

第一，关注重要国际国内行业网站，以及本领域重要学科相关组织机构动态。例如中国计算机学会官网，会发布近期焦点话题及相关征文主题等信息，也会举办学术活动；第二，从科研课题中查找，关注国家社会科学基金、国家自然科学基金、教育部项目、各省科技厅等项目的选题指南，如国家自然科学基金委员会，每年会发布若干数量的项目指南；第三，关注本领域核心刊物的投稿或选题指南或征稿启事，通常期刊官网每年年底会发布下一年选题指南；第四，关注国内外会议的选题指南、征稿启事，一般都会提供征稿范围。

6.3 论文写作

确定了论文的选题之后，就可以着手开始论文写作了。一篇论文动辄几千字,甚至上万字,按照一定流程来写的话,可以帮助理清思路,提高效率。撰写一篇论文主要有以下几个环节。

1. 收集资料

学术论文开始写作前和写作时应做好充分的写作准备。收集和掌握文献资料是在确定论文选题前就应该着手进行的,且贯穿于研究过程的始终。收集材料是一个漫长的、日积月累的过程,到开始撰写论文时,所需的基本材料都应该成竹在胸、准备在案。写作前需要做的工作主要有两项:第一,补充那些撰写文章必须引用但平时没有准备的材料,如问卷、访谈、个案等;第二,将材料整合归类,使其系统化、条理化。必要时,还应根据使用的顺序将材料编上序号,以供写作时选用。因此,需要具备一定的文献管理能力,也可以借助工具提高文献管理的效率。

2. 拟定提纲

提纲是论文的前期形态和简化形式。编写提纲的主要作用是帮助作者从全局着眼,构建全篇论文的基本框架,为论文的写作和修改提供依据和参考,可以帮助作者捋顺研究思路,在写作过程中避免遗漏和重复,提高写作的效率。论文提纲主要包括以下内容。

第一,安排好全文的布局。根据论证的需要,安排好每部分需要撰写的内容,拟定每部分的标题(可以细分到三级标题),并为这些标题标号、排序,形成文章的基本框架。第二,安排好材料的使用。将选定的、将要写进文章中的材料根据论证的需要进行分组,并在提纲中对号入座。需要安排的材料包括自己研究过程中获得的实验数据及分析结论,也包括阅读的文献中那些与自己研究结论相关的论据。第三,安排好论文的篇幅。论文的内容要逻辑严谨、详略得当,哪些需花费篇幅重点写,哪些只需简单介绍,在拟定提纲时要做到心中有数。

提纲完成之后,还必须进行仔细推敲、反复调整、及时修改。毋庸置疑,调整与修改提纲比全文写完之后再推倒重来、进行大返工要节省很多时间和精力。提纲的修改可以在动笔撰写初稿之前,集中时间和精力进行,以便确立文章的基本框架结构。在撰写初稿的过程中,有时也有必要回过头来再对提纲进行局部的、细节的调整与修订。

3. 初稿

写论文可以一气呵成,也可以一块一块写、分块组合。一气呵成的好处是思路连贯,时间安排紧凑,有助于提高写作速度;分块组合的写作方式就像蚂蚁搬家,先慢慢完成大工程的各个部分,再组合起来,它的好处是边写作边调整思路,有利于难题的逐项攻克。这两种写作方法,并不是对任何作者都适用,因为每个人的思维方式不同,论文构思、写作习惯、风格自然不同,因此,不可能用几个简单的模式要求每一位作者都去遵循。一般的论文写作方式也只有通过作者的具体实践，并与作者自身思维方式相结合才能产生较好的写作效果。

写作初稿时要注意以下几个方面：①初稿内容要尽量充分。初稿篇幅一般长于成稿，初稿丰富的情况下删改较易，而漏项补遗或再加深入则相对较难。②行文要符合论文规范。论点、论据、论证等内容应项目齐全、纲目分明、逻辑清楚、详略得当，初稿中的符号、单位、图、表、公式的书写符合规范要求。③表达上要顺利流畅。初稿发现论点上的问题要及时改动，而其它的小地方只要不是原则性错误则先不必花精力去修改，先把初稿流畅地写下去。④书面应写得干净清楚，不可粗制滥造、马虎从事，观点、语法、文字均应认真，防止差错的发生。

4. 修改

论文主体内容完成后，并不意味着论文已经完成，还有必要对论文的初稿进行从宏观到微观、从整体到局部、从内容到形式的全面审视、核查、推敲和修改。要逐字逐句地将初稿精读一遍，检查是否按照提纲要求，把要写的内容完全地、清晰地阐述出来；句子与句子是否保持协调一致，结构是否连贯；是否运用了错误的或不当的语法和词语；是否符合论文的格式要求。稿件代表着作者的学术水平，稿件的内容质量代表着研究程度，稿件的形式质量则反映作者的学术态度，即使文章的研究程度不深，但学术态度严谨的学者，也是让人尊重的。

5. 定稿

学术论文的初稿写成以后，必须经过反复修改，才能最后定稿。反复修改的过程，其实是科学研究的继续和深入，是提高论文质量的有效措施，也体现着科学研究者严谨的科学态度，是对读者和社会高度负责的表现。初稿应达到以下几点方能定稿：观点正确，富有新意；论据充分可靠，论述层次清楚；逻辑性强，语言准确、生动，具有感染力，能为读者所接受。简单地说，论文修改的理想效果，首先是自己满意，其次是能让读者满意。

定稿是学术论文写作的最后程序。稿件经过反复修改后，作者已经感到符合有关要求，便可定稿。

论文写作的这几个环节，主要是出于写作的需要和行文的方便，在实际写作过程中，未必真正运用这些步骤，其中有的可能相互渗透融合，形成此中有彼、彼中有此的交叉局面。再者，即使在实际写作过程中确实存在这些显性的或者隐性的环节，但它们的写作原则、写作内容与方法也是因人而异，因文而异，不可能整齐划一，完全一致。因此，这些步骤只能作为线索，为在写作的前期、中期和后期思考问题时提供参考。

6.4 论文投稿

论文定稿之后，我们也都希望自己的论文被更多人看到。发表论文可以和同行进行学术交流，为科学技术的发展添砖加瓦，另外，申请学位、评奖学金等，发表论文也都是加分项。论文的发表流程主要包括选择投稿期刊、投稿、等待审稿结果及相关处理（评审过程、反馈过程（录用、退稿、修改）、修改稿件）、录用等步骤。

下面是每个环节的注意事项。

1. 选择投稿期刊

一般需要考虑四个因素。

（1）期刊的主题范围：论文的主题和期刊的目标与范围是否一致，需考虑期刊所关注的研究类型（理论型或应用型）。一般期刊在网站上都会有主题范围，每年也会发布选题指南，可以关注目标期刊的网站。

（2）期刊档次和声誉：查询期刊的核心情况、分区情况、影响因子情况、评价信息等。中文核心期刊一般包括CSSCI（南大核心）、北大核心，英文核心期刊一般是SCI、SSCI、EI等。中文可以在知网搜索期刊，进入期刊主页即可查看其核心情况以及影响因子；英文的如SCI，可以去中国科学院的分区网站进行查询，里面有分区和影响因子信息。此外，也可以进一步结合一些第三方网站来看一看其它的投稿者对于这个期刊的点评，以及经验的分享。

（3）期刊的审稿和处理效率：审稿环节是整个论文发表过程中耗时最长的，它可以说影响了论文发表周期的长短，因为论文审稿可能会反复进行。一般来说，期刊级别越高，审核周期越长，与之对应，其审核流程更专业、更严谨。普刊一般1个月内就能完成审稿；核心期刊审稿可能需要几个月，修改发表可能还要半年，再到出刊可能就要第二年了。因此在选择投稿期刊时，要结合自身情况，不是急需发表的话，建议先投级别高的期刊。

（4）收费情况：要注意在学术期刊上发表论文大部分并不是免费的，收费项目主要包括审稿费、版面费、彩图费、单行本费等几类，作者应该根据自己的条件量力而行。

2. 投稿

选择好期刊后，要按期刊要求准备相应的投稿材料，除了论文文稿外，还需要其它文件，如作者资格声明、版权转让书、实验道德声明等，都需要依期刊规定备齐。通常，每个期刊会有一些区别，建议大家投稿前多阅读期刊官网投稿界面上的作者须知，细致地了解期刊对稿件包括总体框架、文字格式、图片清晰度、文件大小等的要求，这些都会有细致的描述。

大多数的期刊都是在线投稿，有些出版社有自己的投稿系统，有些则要求使用特定的投稿平台提交，投稿方式在期刊作者指南内都会指定。登录系统后，按要求填入相应信息即可，需注意各部分的字数限制。确认投稿信息无误后，即可提交等待审稿结果。

投稿时切忌一稿多投。首先这是一种学术不端的行为，其次一旦被发现，后果严重，例如被杂志社列入黑名单，通报作者所在单位等。

3. 等待审稿结果及相关处理

投稿之后，接下来就是等待了。

通常期刊会采用以下评审流程：学术不端检测、责任编辑初审、审稿专家外审、副编审/编辑复审、主编/编委会终审。

最终的评审结果可能有录用、修改后录用、退改和直接退稿。

一篇优秀的论文是写出来的，更是改出来的。投稿后，接到编辑部的论文修改通知，面对审稿人提出的一大堆问题，修改稿件往往是一件让人头痛的事情，可以说，有时候改一篇论文要难于写一篇论文，但是，优秀的论文都是在不断思考、不断修改后产生的，所以，改论文是论文发表过程中很重要的一项工作。在改论文的时候，要针对审稿人提出的问题逐一修改，当然，有时候不得不面对一些需要补做实验、补充数据的意见，如果审稿人提得有道理，不妨战胜自己，不被困难阻碍，再做实验、补充数据，因为，审稿人提出的问题往往对论文质量的提升有很大的帮助，而论文最终代表的是作者的研究能力。如果认为审稿人的审稿意见不合理，也可以提出异议，进行反驳。不过，不要在刚收到审稿意见后就立即反驳，即使反驳也要深入研究审稿意见后进行，应该给自己留一点时间来消化审稿意见，让情绪平静下来，防止以后后悔。

若被拒稿，如果是因为期刊稿件竞争激烈等非学术质量的原因，直接改投他刊即可。如果拒稿理由是因为稿件学术质量有问题，那应该根据审稿意见进行修改后再重新投稿，切莫将因为学术质量存在问题被拒的稿件，在没有修改的情况下直接改投他刊。因为这样做，很有可能再次被拒稿，浪费自己的时间，也浪费期刊的审稿资源和审稿专家的精力。

4. 录用之后

收到录用通知，还有以下几个流程需注意：

（1）缴费。大部分期刊需要缴纳版面费，也有些不需要，如果需要的话，建议尽快缴纳版面费，以免影响刊期。

（2）定稿。定稿也就是确定稿件的刊期，到达这一步时，大部分期刊就不允许修改文章甚至是撤稿了。

（3）排版校对。一期文章收满截稿后，美编开始排版，责编对文章进行校对，如果出现一些问题，例如图片不清晰、数据不准确、缺信息等，会联系作者修改。

（4）印刷邮寄。校对无误后会整理出电子版，然后送印厂印刷出版，出刊后就会邮寄杂志，一般每位作者赠送1本。

（5）数据库检索。出刊后一般在1~3个月文章会上传数据库，部分期刊是出刊同步上网的，网络首发的期刊是先上网后出刊。

第7章

个人文献资料管理及NoteExpress的使用

7.1 个人文献资料管理概述

7.1.1 个人信息管理的概念

科技工作者在完成信息的搜集工作后，还应该对搜集的信息进行真伪和可靠性的鉴别，去伪存真之后再把有用的信息以一定的方法组织编排起来，形成自己的文档，以便随时查用。

随着计算机的普遍使用，有很多读者开始利用一些软件来管理自己的个人资料文献库，如用Word、Excel、Access等软件来处理书目信息，但常常遇到的问题是，当需要写文章时却又找不到所需的资料。如果可以使用一些整合性工具，整理组织各种信息，则能大量节省研究人员的宝贵时间。

个人信息管理是为实现一定目标而对各种个人信息进行获取、组织、维护、检索及利用的行为过程。个人信息管理系统可以帮助读者处理个人所汇集的各种书目信息，其主要功能是建立并维护个人文献资料库，使用者在输入文献信息后，可以按记录中有关内容的字段进行检索，如利用关键词、作者、标题等字段进行布尔逻辑检索。它还包含一般管理系统的功能，如排序、增删记录等。这种个人研究领域的文献资料库，无论是在撰写论文、研究报告时参考引用，还是用来查阅文献记录的书目资料或者为学生开列参考书目都很方便。

使用合适的个人信息管理软件，能较好地完成文献检索和管理任务。个人信息管理软件的不断发展，增强了文献管理与论文写作的结合功能，简化了科研人员在科技论文写作和投稿方面的程序，提高了写作效率。以计算机为基础的个人信息管理系统在国内外深受学术界的欢迎。

7.1.2 个人文献资料管理的作用

目前，很多机构研究开发了相应的软件，来解决电子信息资源的高效率组织管理问题。这些软件的基本功能大同小异，具体如下。

1. 批次输入信息资料

系统提供了将各种资料库的检索结果直接转入系统的功能。用户可以将不同数据库的检索结果直接转入系统，使之成为格式一致的资料信息。

2. 检索查询功能

文献信息输入后，可按不同的字段（如作者、标题、关键词、主题等）进行布尔逻辑检索，并可排序或增删记录等。该功能可以有效地帮助读者撰写研究报告、查阅文献记录。

3. 查重功能

当用户陆续汇集许多资料后，系统可以自动查重，并允许将重复的记录删除。

4. 直接搜索网络信息

在不打开浏览器的情况下，系统可以直接检索提供的网站信息，并能直接将检索结果下载到自己的信息管理系统中。

5. 加注个人读书心得

系统提供自定义字段，能让使用者随时将读书心得或重点笔记加注在该条书目记录内，方便以后写文章时直接调用。

6. 自动生成期刊所需的参考书目格式

个人文献信息管理软件提供多种期刊引用格式以供用户选择。由于在科学领域内没有标准的文献引用格式，投稿时不同的期刊有不同的投稿要求，因此该功能极大地方便了读者投稿。

7. 生成科技写作模板，简化论文投稿程序

个人文献信息管理软件方便了研究人员在针对不同出版机构的写作要求写作论文时，一步到位地建立符合投稿要求的论文格式，节省了大量时间。

目前市场上可以提供给读者使用的个人文献信息管理软件有近50种，其中国外较典型的有EndNote、Mendeley、Zotero等，国内较典型的有NoteExpress、文献之星等。

7.2 NoteExpress的使用

NoteExpress主要有以下5个功能：创建自定义数据库、检索/导入所需题录或全文、组织整理和做笔记、引用文献和修改参考文献格式、文献信息统计分析。

前三个是管理功能，可对文献、题录等进行导入、搜索、组织等。

第四个是写作功能，可自动插入参考文献、自动标号、切换格式等，这是NoteExpress核心的功能，可帮助提高论文写作与投稿的效率。

第五个是统计分析功能；在我们收集完某个领域的信息后，可以对其进行统计分析，例如统计分析作者、关键词等，这可以帮助我们发掘更多相关的、有价值的信息。

7.2.1 管理功能

1. 主程序界面

主程序界面主要包括5个部分：工具栏、文件夹、题录、标签云、文献信息，如图7-1所示。

图7-1　NoteExpress主程序界面

2. 创建数据库

第一步是创建个人数据库（图7-2）。NoteExpress安装完毕后首次启动会打开自带的示例数据库，供新用户练习使用，建议正式使用时创建新的数据库，并选择好数据库存放的路径。

注意创建数据库时的提示信息，提示选择附件的保存位置以及附件保存方式（注意：NoteExpress会默认在建立数据库的位置建立附件文件夹，如需要将附件存放在其它地方，请自己设置）。

图7-2 创建个人数据库

有3种添加附件方式。

（1）复制文件到附件文件夹。选择该选项，当用户给题录添加附件时，NoteExpress会在题录数据同一目录下建立形如"数据库名.Attachments"的文件夹，同时将原始的附件文件复制到该文件夹，这个类似于"复制"功能。这样设置相当于对文献进行了备份，但是附件太多时会额外占用磁盘空间。

题录与链接文件之间关联的是相对地址，用户可以将数据文件和附件文件夹同时移动或复制给他人或在其它电脑上使用，题录和文件之间的链接不受任何影响。弊端是当用户的链接文件非常庞大时，会额外占用相应的磁盘空间。

（2）移动文件到附件文件夹。选择该选项，当用户给题录添加附件时，NoteExpress会在题录数据同一目录下建立形如"数据名.Attachments"的文件夹，同时将附件文件转移到该文件夹，相当于"剪切"功能。

（3）不执行文件复制或移动。选择该选项，当用户给题录添加附件时，NoteExpress不会对附件文件执行任何操作，只是和题录产生了一个关联，附件文件保存的位置不变。缺点是当用户改变附件文件的位置时，关联的附件链接会失效。

通常建议选择前两项，这样在改变原始文件位置（或所在文件夹修改名称）

的情况下也可以正常使用，避免出现题录和文件链接失效的情况。

建立个人数据库后，可以根据自己的需要，为数据库建立分类目录以便管理。目录的文件夹结构可以增删改、排序，更多相关功能可以在目标文件夹处点击鼠标右键查看（图7-3）。

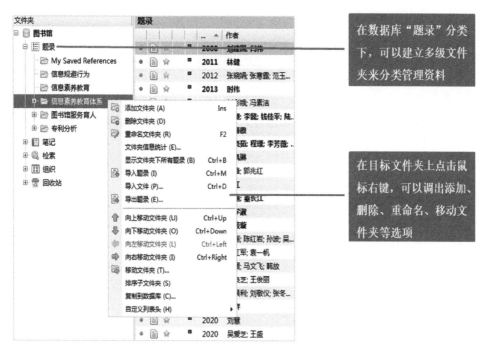

图7-3　文件夹操作菜单

3. 文献/题录录入

创建数据库之后，第二步是导入文献、题录信息。主要有4种导入方式。

（1）全文导入。可将下载到电脑中的文献直接导入NoteExpress中。

（2）在线检索。没有下载相关文献时，可直接在NoteExpress中检索，NoteExpress内嵌了常用的几种数据库可供检索到

（3）格式文件。实际上是一种批量的操作，例如在知网中检索后可以勾选多个文献，将这些文献信息生成带有NoteExpress格式的题录文件，可将该文件直接导入NoteExpress中。

（4）是手工录入。遇到不能自动导入或自动识别（断网情况不能自动识别文献信息）的情况时偶尔会用到手工录入（题录）。

下面逐个介绍几种导入方式。

1）全文导入

可单个添加、批量添加，也可直接添加文件夹；还可以直接将全文文件或者文件夹拖入目标文件夹（图7-4）。导入后自动更新作者、标题、来源等题录信息（需要联网才可以识别）。

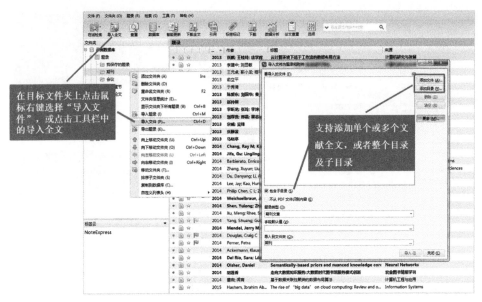

图7-4　导入全文

2）在线检索

在线检索的步骤（图7-5）：点击上方工具栏"在线检索"→选择需要检索的数据库→输入检索词，取回检索结果后，勾选所需要的题录（可以使用批量获取功能，一次性将检索题录全部导入软件）→将获取题录导入软件。

注意在线检索导入的是题录，并没有关联文献（导入后在标记中不显示红色方块）；而第一种全文导入的方式是直接将题录和文献都导入NoteExpress中，后续不需要再进行关联操作。但是可以在综述部分查看关键词、摘要等信息，判断是否需要下载全文，需要的话再下载后关联。

3）格式文件

格式文件导入步骤（图7-6）：数据库中检索→导入题录→导入相应文件夹（与过滤器匹配）。

过滤器：顾名思义，用来"过滤"数据的工具。不同数据库检索结果导出的各种格式的格式化文件，导入NoteExpress时需要选择与格式相对应的过滤器。

第7章 个人文献资料管理及NoteExpress的使用

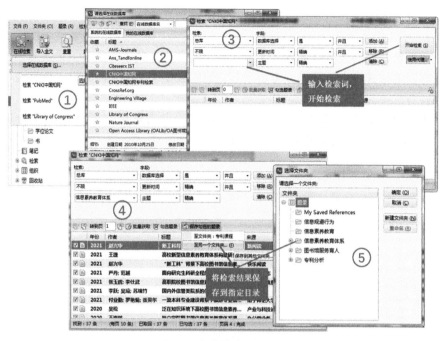

图7-5 在线检索导入题录

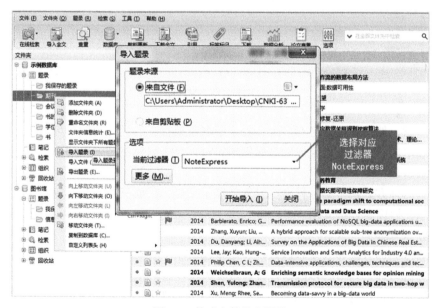

图7-6 格式文件导入题录

这里导入的也只是题录，没有关联文献。

4) 手工录入

前面是常见的三种自动导入文献和题录的方式，偶尔需要手工录入题录。个别没有固定格式导出的题录或者由于其它原因需要手工编辑的题录，就需要手工录入。

手工录入流程（图7-7）：选中题录列表→点击鼠标右键弹出菜单→选择"新建题录"→选择题录类型→录入信息。

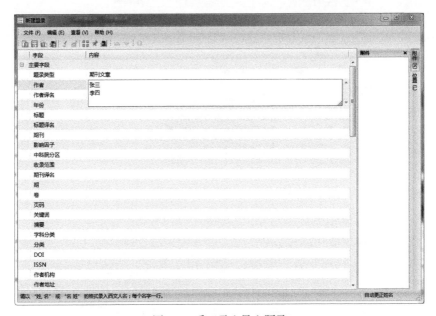

图7-7　手工录入导入题录

注意：如果作者姓名有多个，每个姓名需换行；已导入的题录可以双击鼠标左键或单击右键，弹出菜单后直接编辑题录；点击鼠标右键弹出菜单也可选择删除题录。

这四种方式除了第一种全文导入关联了文献，后面三种都只有题录，如何关联文献在后面会详细介绍。

4. 文献整理

通过上述方法导入文献题录后，基本形成了个人数据库，接下来需要对这些题录进行整理，为下一步的研究设计或文章撰写打好基础。

NoteExpress有很多文献整理功能，可以分类管理电子文献题录和全文。主要有以下几种经常用到的功能。

第7章 个人文献资料管理及NoteExpress的使用

1）查重

查重，也就是查找重复题录，例如我们在不同数据库中用相同的检索条件进行检索，或者数据库由几个小数据库合并而成，不可避免地会出现重复题录。重复题录不仅浪费磁盘空间，也会造成重复阅读等一系列问题，因此，可通过数据库查重功能，删除重复的题录。

查重流程（图7-8）：通过菜单"检索"→"查找重复题录"，或者点击工具栏中的"查重"按钮，启动查重功能 → 选择待查重文件夹和待查重字段（NoteExpress会比较选定字段的内容，如果内容完全一致，则认定为重复题录；一般情况下默认即可）。

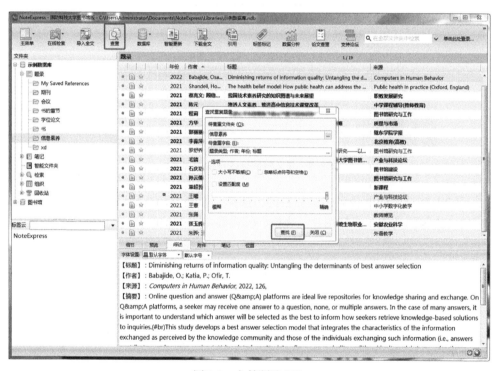

图7-8　文献题录查重

重复结果显示及重复题录处理：重复的题录高亮显示，点击鼠标右键弹出菜单，选择删除方式删除即可。

注意：查重后会自动定位到检索文件夹下面，这里记录最近的检索结果（查重也是通过检索的手段标记出来的，也算是检索的一种形式，所以就自动记录到了检索文件夹里）。

2）笔记

在阅读题录或者全文的同时，可以记录笔记，把自己对于文章的想法和这篇文章对自己的启示记录下来，以便日后查阅和写作时使用。

两种记笔记方法：

（1）在文献信息区点击笔记选项直接记笔记（图7-9）；

图7-9　在文献信息区直接添加笔记

（2）在选中的题录点击鼠标右键，选择"为题录新增笔记"，这里提供更强大的文本编辑功能，支持图片、表格、公式等（图7-10）。

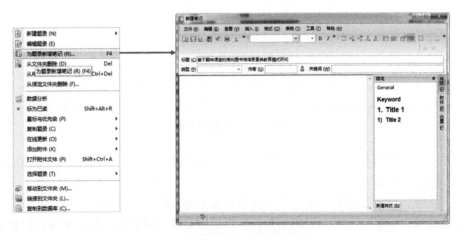

图7-10　通过菜单栏为题录添加笔记

可以记录多条笔记，在右侧点击选择即可查看、编辑。

图7-11　选择并查看、编辑笔记

3）检索

这里的检索指的是本地检索：对于数据库的管理，尤其是对于拥有庞大数据的用户来说，如果能快速找到自己所需的文献，会大幅提高工作的效率。有简单检索和高级检索两种方式。

简单检索（图7-12）：在检索框输入检索词，设置检索范围即可检索，有三种检索范围，默认是在全部文件夹中检索。

图7-12　简单检索

高级检索（图7-13）：在主菜单中，点击"检索——在个人数据库中检索"；可以通过标题、作者、关键词等的组合，缩小检索范围，提高查准率。

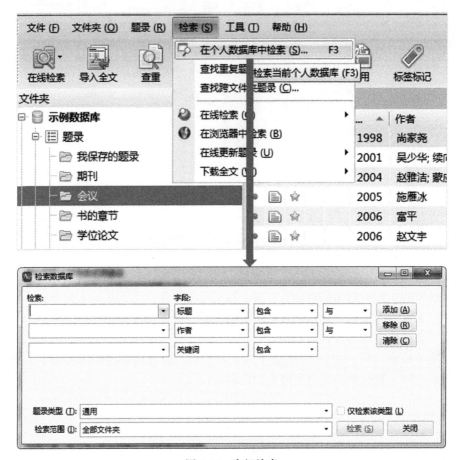

图7-13　高级检索

4）标记

我们在平时学习的时候，课本上的知识点通常会用一些比较显眼的方式标记出来，例如划重点线、使用记号笔，或者干脆把这一页折个角，这样我们再去找这些知识点的话，就相对快一点。对于电子文献来说，也可以以其重要性、关键词等设置特别的标记，用来突出该文献的重要性。NoteExpress中提供了多种标记的方式，完全可以根据自己的喜好和需要做标记，这样的话，题录管理起来也更加方便。

主要的几种标记形式如图7-14所示。

第7章　个人文献资料管理及NoteExpress的使用

图7-14　标记形式

（1）已读/未读状态：导入题录后，会自动将题录标记为未读状态（这时候显示橙色圆点，字体加粗）。一旦我们看过题录的综述，就会标记为已读状态（这时候显示灰色圆点，字体也不再加粗）。也可以自己点击圆点切换"已读/未读"状态。

（2）题录类型：不同类型的文献用不同的图标表示，通常在导入时会自动识别并赋予相应的图标。如果发现类型有误，也可以点击鼠标右键，在菜单中选择"编辑题录"进行调整。

（3）星标：可以根据个人需要为某个题录添加星号标识符。

（4）优先级：为文献加上优先级的小旗子标识符，不同颜色的小旗子表示不同的重要级。可以点击鼠标右键选择"星标与优先级"，然后设置优先级；也可以在工具栏中的"标签标记"中设置。

（5）附件：NoteExpress能够直接从题录列表中看到每个题录的附件情况，当该题录关联不同类型的附件时，"附件"列会自动显示不同颜色的小方块，有四种颜色：左上角红色（表示关联了文件的附件）、右上角紫色（表示关联了笔记）、左下角黄色（表示关联了文件夹）、右下角棕色：表示关联了题录。

通常关联文件和笔记使用得较多，也就是红色和紫色的出现频率会高一些。

（6）标签云：在NoteExpress中可以给文献添加标签进行分类，方便查找。

139

一个标签下可以有多条题录，一条题录也可以设置多个标签。点击某一标签，就会显示该标签下的所有题录。可以点击鼠标右键选择"星标与优先级"设置标签，也可以在工具栏中的"标签标记"中设置。

5）显示

这里主要是设置表头以及对题录进行排序。可以自定义表头，也可以自定义排序规则（图7-15）。

图7-15　显示方式设置

（1）自定义表头。NoteExprss在安装时就建立了默认表头，默认用于所有文件夹，默认表头可以修改，我们可以根据自己需要建立新的表头、添加或者删除字段。不同的文件夹可以使用不同的表头，可以根据自己需求调整。

（2）排序。NoteExpress的表头可以按照某一个表头字段简单排序，还能按照多个表头字段综合排序。

① 简单排序：在表头点击字段名称处可按照该字段升序或者降序排序。

② 综合排序：在表头处点击鼠标右键，选中"排序列表"设置排序规则，这里可以按照多个字段综合排序。

6）附件

NoteExpress附件管理功能也比较强大，支持多种附件格式（也可添加多个附件），例如常见的PDF、Word、Excel、视频、音频等。添加附件后，文献题录信息就会与附件信息关联在一起。

有两种添加方式（图7-16）：

（1）选中需要添加附件的题录，点击鼠标右键（题录和文献信息区"附件"部分都可以点击右键弹出菜单），选择"添加附件"；

（2）直接将文献拖拽到文献信息区里。

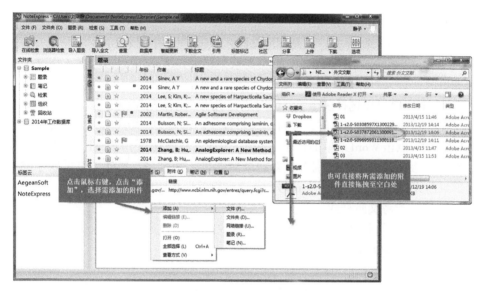

图7-16　添加附件

添加了附件的题录，就可以在列表中看到红色的方块，也会在文献信息区显示一个回形针标志，点击回形针，即可直接打开附件。

7.2.2　写作功能

对于大多数使用NoteExpress的用户来说，使用NoteExpress管理文献的主要目的就是写文章。NoteExpress内置了多种国内外学术期刊、学位论文和国标的格式规范，通过NoteExpress插入文献，然后选择需要的格式进行格式化，就可以自动生成相应的参考文献。这样在写文章的过程中，就可以从手工编辑与管理文献的工作中解脱出来。

此外，还可以根据需要随时调整参考文献的格式，如果NoteExpress没有所需的文献格式,还可以创建自定义格式或是在原有格式基础上自行编辑。

1. 引用文献

NoteExpress安装成功后,在Word菜单里会自动生成NoteExpress插件(图7-17)。

图7-17　Word中NoteExpress插件显示

有两种插入引文的方式:

(1)转到NoteExpress,找到相应文献,点击"引用"按钮。

(2)若NoteExpress中已选中相应文献,直接在Word中点击"插入引文"按钮即可。

按CTRL键可以选择多篇引文同时进行引用。

在中间插入参考文献时,会自动编号排序;调换文字顺序后,参考文献编号顺序混乱,点击Word菜单插件中"同步"(或"更新题录")按钮(插件有经典版和极速版,菜单有所区别)更新题录后即可正常排序。另外,也可以删除引文,只需光标选中文中的引文符号,点击"删除"按钮即可。

2. 修改参考文献样式

投稿时,不同的期刊会有不同的参考文献要求,通过NoteExpress快速进行修改和编辑,能够节省大量时间。

1)修改样式

在Word文档NoteExpress插件中,点击"样式——选择其它样式",找到所需样式,选择后便会在文章中自动更改参考文献样式(若出现未更改的情况,需点击"同步"按钮进行更新)。

图7-18　修改样式

2）编辑样式

如果没有找到所需的样式，也可以进入样式管理器自行编辑或新建样式。有3种方式进入样式管理器：

（1）菜单—工具—样式—样式管理器；
（2）预览—样式—更多输出样式；
（3）Word 插件中，样式—选择其它样式。

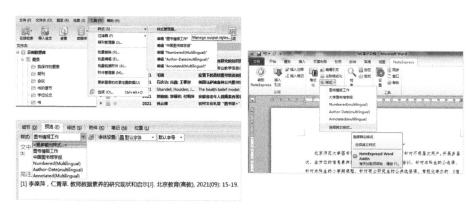

图 7-19　样式管理

到这里，NoteExpress 的管理和写作功能就介绍完了，基本上可以满足论文写作的需求。

7.2.3　统计分析功能

统计分析功能，主要是对文献做一个外部信息的统计分析，可以根据情况酌情使用。

NoteExpress 可以统计分析作者、机构、来源、年份、关键词等信息，这样就能够帮助用户快速了解某一领域的重要专家、研究机构以及研究热点等情况。

作者分析：发现研究领域的专家，关注并了解其研究的进展。

机构分析：发现某个研究领域的主要院校、机构等。

来源分析：了解该领域文章主要发表在哪些刊物上，今后做研究和发表论文时可以多关注这些期刊。

年份分析：根据发文量多少了解该领域研究的趋势，例如研究的人越来越少了，可能表示该领域已过时。

关键词分析：通过关键词可以了解当下的研究热点等信息。

示例：关键词分析。

分析流程:
(1)全选题录 → 数据分析 → 选择关键词分析 → "下一步"。
(2)规范化词汇(设置规范化词汇是由于某些词有不同的表达方式,实际上表示的意思是一样的,将这些词调整为同一个规范化的词汇,这样在统计的时候会认为这些词表示的意义是一致的,避免出现同一个意思的词汇被多次统计,这样统计的数据也不准确)→ 双击规范词 → 编辑规范词(点击"OK")→ 点击">>"按钮 → 显示规范化后的词频。
(3)删除规范词 → 点击鼠标右键 → 删除。
(4)"下一步"→ 选择分析方法,如词频统计、词频云图→"下一步",展示分析结果(图7-20)。

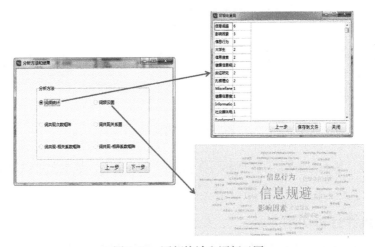

图7-20 词频统计和词频云图

词频统计和词频云图可以直观地显示关键词出现的频率,帮助了解当下研究热点,其它的分析方法是信息计量领域的专业分析,一般不需要了解。

需要注意的是,这里统计的文献是基于我们已经导入的文献,并不全面,如果自己做分析的话,需要把相关领域的文章找准找全,统计的准确率才会更高。

7.2.4 常见问题及解决方案

在使用软件的过程中,会出现一些问题,这里整理了常见的几种问题及解决方法。

1. 插件问题

一般安装NoteExpress时会自动生成插件,如果没有,可在关闭杀毒软件的状态下手动安装(图7-21)。

第7章 个人文献资料管理及NoteExpress的使用

图7-21 生成插件

2. 消除校对报告

在边写作边插入参考文献时，会自动生成"校对报告"，在"格式化"中去掉"生成校对报告"即可（图7-22）。

图7-22 消除校对报告

3. 清除域代码

在 Word 文档中点击引文序号或参考文献会显示灰色阴影,在"去除格式化"菜单中,选择"清除域代码"即可(图7-23)。

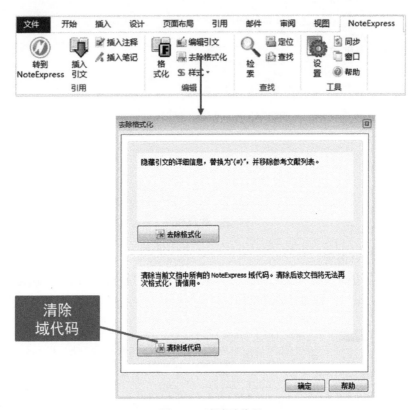

图7-23 清除域代码

需要注意的是,清除后该文档再次添加或更新参考文献时,无法同步格式化(更新),建议写文章时保留原始文档,修改时创建一个副本进行编辑。

4. 正确复制粘贴 Word 文档中的含引文内容

将多个插入了引文的文档合并为一个时,在复制粘贴时需要注意,否则可能出现无法同步引文格式的情况。

例如需要将 B 文档内容粘贴至 A 文档,正确操作步骤如下:

(1)只需复制 B 文档正文部分,不需要复制 NoteExpress 生成的文末参考文献,将 B 文档内容粘贴到 A 文档。

(2)需在 A 文档以及 B 文档同时打开的情况下,在 A 文档中点击"同步"

（或格式化中修改输出样式）按钮，才能将B文档中引文的内容正确地同步到A文档中。

如果没有同时打开两个文档，会出现提示信息。如果出现图7-24所示的提示，同时打开以前被复制的原始文档，同步/格式化即可。

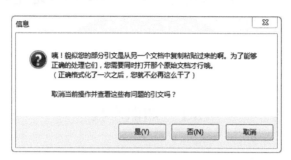

图7-24 复制引文时的错误提示

第8章

知识产权与学术道德规范

8.1 知识产权

8.1.1 学习知识产权意义

研究生是科研和自主创新的生力军,加强知识产权法律知识的学习和提高对知识产权的保护意识十分重要。研究生在学习、科研和今后工作中,需要不断培养自身知识产权意识。学习"知识产权"知识,有助于研究生将平时的创新产权化;提高个人之间、组织之间、国家之间的知识产权的自我保护,同时保证自己不会对别人侵权。

8.1.2 知识产权导论

1. 知识产权的概念

知识产权的概念有以下几种不同的阐述:

(1) 从价值角度,财会人员认为是无形资产的一种形式。

(2) 科技界(科技创新角度)认为是与科技创新紧密联系的,知识产权是对智力成果提供保护的一种工具。

(3) 世界知识产权组织(World Intellectual Property Organization,WIPO)专家认为知识产权是指在工业、科学、文学和艺术领域智力活动产生的法定权利;知识产权涉及心智创造,包括发明、文艺作品、符号、名字、形象和商业设计。

知识产权(Interllectual Property,IP)是人们对于自己智力活动创造的成果和经营管理活动中的标记、信誉依法享有的权利。也称为无形财产权、智力成果权、智慧财产权。

2. 知识产权的范围

知识产权的范围包括工业产权和版权(在我国称为著作权)两部分。版权(著作权)是无须登记或标注版权标记就能得到保护的,而专利、商标、财产则是需登记或标注版权的。发明专利、商标以及工业品外观设计等方面组成工业产权。

知识产权的范围也有广义和狭义之分,广义是指著作权、邻接权、商标权、商号权、商业秘密权、产地标记权、专利权;狭义是指著作权、专利权、商标权。

3. 知识产权的性质及特征

知识产权的性质是指权利本体属于私权;权利客体属于非物质性。第一,不发生有形控制的占有;第二,不发生有形损耗的使用;第三,不发生消灭知识产品的事实处分。

知识产权有五个特征,分别是指无形财产、知识产权专有性、知识产权地域性、知识产权时间性及通过法定程序获得。

知识产权的专有性是指知识产权为权利人所独占,没有法律规定或未经权利人许可,任何人不得使用权利人的知识产权。

知识产权的地域性是指知识产权作为一种专有权,在空间上的效力并不是无限的,而是要受到地域的限制,其效力只限于本国境内。

知识产权的时间性是指知识产权不是没有时间限制的永恒权利。在不同知识产权类型中,商标权与著作权、专利权有所不同,它在有效期届满后可以延续有效期,通过不断的延续,商标权可以获得持续的保护。著作权和专利权不能像商标权一样可以不断延续有效期,而是必须规定一定的期限。

4. 知识产权国际条约与组织

知识产权国际条约与组织共有七个,分别是:

(1)《保护工业产权巴黎公约》,现有100多个成员国,我国于1985年加入。

(2)《专利合作条约》(PCT),现有50多个成员国,我国于1994年加入。

(3)《商标国际注册马德里协定》,现有30多个成员国,我国于1989年加入。

(4)《保护文学艺术作品伯尔尼公约》,现有90多个成员国,我国于1992年加入。

(5)《世界版权公约》,我国于1992年加入。

(6)《世界知识产权组织》,现有100多个成员国,我国于1980年加入。

(7)《Trips协议》,WTO下的框架协议之一,我国于2001年加入。

5. 我国主要法规

我国知识产权法规主要有以下七种:

(1)《中华人民共和国专利法》及其《实施细则》;

(2)《中华人民共和国商标法》及其《实施细则》;

(3)《中华人民共和国著作权法》及其《实施条例》;

（4）《计算机软件保护条例》；
（5）《中华人民共和国反不正当竞争法》；
（6）《中华人民共和国知识产权海关保护条例》；
（7）其它有关行政法规。

8.1.3 知识产权的对象、取得、利用

知识产权的对象是人们在科技、文化和工商业领域中创造的智力成果、识别性标记等具有一定商业价值的信息。具体来说是指专利权中的发明创造、商标权中的商标、著作权中的作品、商业秘密权中的商业秘密、特种保护的植物新品种、集成电路布图设计等。

知识产权取得分为以下几种：

（1）申请取得专利的原则，包括单一性原则、先申请原则、书面申请原则、审查原则；

（2）取得著作权的原则，包括自动取得著作权的原则（无论是否发表均被保护）；

（3）注册取得商标权的原则，包括自愿注册原则、申请在先原则、一件商标一份申请原则；

（4）构成商业秘密的条件，包括不为公众知悉（秘密性、新颖性）、价值性、采取保密措施；

知识产权利用是指知识产权的取得、转让和资本化。

8.1.4 知识产权制度发展现状

知识产权是一种保护知识和创新成果的法律概念，包括专利、商标、著作权等。随着信息技术的发展和全球化的加速，知识产权的保护和管理成为国家和企业的重要问题。

目前，全球的知识产权发展呈现以下几个趋势：

1. 知识产权保护力度加强

国际组织和多边条约为知识产权保护提供了法律框架和标准，各国制定了法律法规和政策，加强了对知识产权的保护。

2. 知识产权国际化

随着全球化的加速，知识产权的跨国和跨境管理成为了重要问题。各国政府积极参与国际知识产权组织和协定，推动知识产权的国际化合作。

3. 知识产权价值提升

知识产权不再仅仅是法律概念，而是具有重要的经济、社会和文化价值。各

类企业、组织和个人积极探索知识产权的商业化和市场化策略。

4. 知识产权合作共赢

知识产权的创造、转移、分享和管理已成为各领域合作的重要内容。企业、大学、科研机构和政府之间的合作成为了促进知识产权发展和应用的重要途径。

总体来说，知识产权的国际化、市场化和合作化发展趋势日益明显，各国政府和各类机构致力于推进知识产权的保护和创新应用。

8.1.5 知识产权的保护

知识产权保护是一个涉及法律法规、行政措施、司法途径、集体管理、自我救济和舆论导向等多个方面的系统工程。分为以下几种：

1. 法律法规制定

法律法规的制定是知识产权保护的基础。各国政府应依据本国国情，建立完善的知识产权法律体系，明确知识产权的定义、范围、保护方式、侵权行为的认定及其法律后果。同时，应定期对相关法律进行修订和完善，以适应科技、文化和经济的快速发展。

2. 行政保护措施

行政保护措施是知识产权保护的重要手段。政府部门应加强对市场的监管，对侵犯知识产权的行为进行严厉打击，包括查处侵权行为、吊销侵权者的经营许可证等。此外，政府还可以通过设立知识产权奖励、资助创新项目等方式，鼓励企业和个人积极创新、保护知识产权。

3. 司法保护途径

司法保护途径是知识产权保护的最后防线。各国应设立专门的知识产权法庭，配备专业的法官和陪审员，确保对知识产权案件的公正、高效审理。同时，应加强对侵权行为的刑事处罚力度，提高侵权成本，降低侵权收益。

4. 集体管理组织保护

集体管理组织是知识产权保护的重要力量。通过建立知识产权集体管理组织，如知识产权协会、版权局等，可以有效整合知识产权资源，提高知识产权保护效率。集体管理组织还可以为知识产权所有者提供咨询、维权等服务，帮助其维护自身合法权益。

5. 自我救济方式

知识产权所有者也应具备一定的自我保护意识。在遭受侵权时，可以采取一些自我救济方式，如与侵权者协商、发起民事诉讼等。此外，还可以通过技术创新、市场布局等手段，提高自身的核心竞争力，降低侵权风险。

6. 舆论导向保护

舆论导向保护是知识产权保护的重要辅助手段。通过媒体宣传、公众教育等方式，提高公众对知识产权保护的认识和重视程度，形成全社会共同关注、共同参与的知识产权保护氛围。同时，舆论导向还可以对侵权行为形成一定的道德压力，促使侵权者主动改正错误、尊重知识产权。

只有全面加强以上六个方面的工作，才能有效保护知识产权，推动科技创新和文化繁荣发展。

8.1.6 知识产权分类

1. 国家立法的分类

《中华人民共和国民法通则》第94条至97条的规定：知识产权有著作权、专利权、商标权、发现权、发明权、其它科技成果权。

《法国知识产权法典》分为文学和艺术产权、工业产权。

2. 法学者的分类

按客体的不同分为专利权、著作、商标权三类。

按取得形式不同分为形式知识产权和实体知识产权。

按独占性强弱分为强知识产权和弱知识产权。

知识产权分类图如图8-1所示。

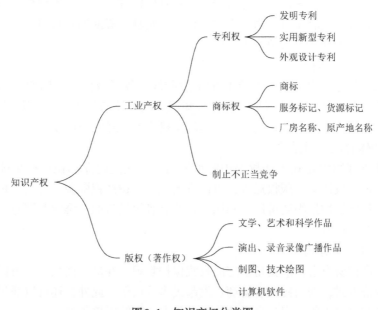

图8-1 知识产权分类图

3. 著作权

著作权是文学、艺术、科学技术作品的原创作者,依法对其作品所享有的一种民事权利。著作权与专利权、商标权有时有交叉情形,这是知识产权的一个特点。

著作权的一般作品包括文字作品、口述作品、音乐、戏剧、曲艺舞蹈、杂技、美术、建筑作品、摄影作品、电影作品和以类似摄制电影的方法创作的作品、工程设计图、产品设计图、地图、示意图等图形作品和模型作品、计算机软件等。

著作权特征包括:①权利主体广泛;②权利客体广泛;③权利内容丰富;④权利产生独特;⑤权利可以分割;⑥权利限制较多;⑦权利时间较长。

著作权取得的方式有两种:

(1)自动取得:作品创作完成,作者就自动取得了该作品的著作权。

(2)注册取得:按照《中华人民共和国著作权法》规定,作品要获得著作权保护,系统经过著作权登记和著作权合同登记。

通过这两种方式取得的著作权受到法律的保护。

著作权的保护期限为50年,精神权利中的署名权、修改权、保护作品完整权无保护期限,发表权及著作财产权的保护期限,具体规定如下:

自然人的作品:保护期为作者终生及其死亡后五十年,截止于作者死亡后第五十年的12月31日;如果是合作作品,截止于最后死亡的作者死亡后第五十年的12月31日。

法人或者其它组织的作品、著作权(署名权除外)由法人或者其它组织享有的职务作品:保护期为五十年,截止于作品首次发表后第五十年的12月31日,但作品自创作完成后五十年内未发表的,不再保护。

影视作品、摄影作品:保护期为五十年,截止于作品首次发表后第五十年的12月31日,但作品自创作完成后五十年内未发表的,不再保护。

作者身份不明的作品:著作财产权的保护期为五十年,截止于作品首次发表后第五十年的12月31日,作者的身份确定以后,适用前述期限。

4. 商标权

商标权是指商标所有人在法律规定的有效期内,对商标主管机关核准注册的商标享有的独占的、排他的使用和处分的权利。

商标的特征包括使用的唯一性、标志的目的性、存在的依附性及构成的多元化。

商标的功能包括识别功能、保证功能、宣传功能及竞争功能。

商标的类型有注册商标/非注册商标、商品商标/服务商标、平面商标/立体商标、制造商标/销售商标、登记商标/防伪商标。

注册商标的必备条件包括：

（1）必须采用法定的构成要素。

（2）必须具备显著性特征：

① 判断标准。是否会使消费者将该商品或服务与特定的经营者相联系。

② 固有的显著性。设计本身是新颖的、独特的。

③ 通过使用获得的显著性——"第二含义商标"。

注册商标的禁止条件包括：

（1）不得违反商标构成的禁止性条款：

① 相对禁止性条款——可以使用但不能获得注册。

② 绝对禁止性条款——不能获得注册也不可以使用。

（2）不得采用欺骗或者不正当手段取得注册。

（3）不得侵犯他人在先权利。

5. 专利权

专利权简称专利，是知识产权的重要组成部分，是国家按专利法授予申请人在一定时间内对其发明成果所享有的独占、使用和处分的权利。国家依法授予专利权人实施其发明创造的权利。

专利的种类包括以下三种类型：

（1）发明专利，指技术含量高、花费创造性劳动多的新产品及其制造方法、使用方法。保护期限为20年。

（2）外观设计专利，指涉及产品形状、图案、色彩及其结合的、富有美感且适于工业上应用的新设计。保护期限为15年。

（3）实用新型专利，指对产品构造、形状的技术改造。保护期限为10年。

专利的申请途径有：

（1）直接到国家知识产权局申请或通过挂号邮寄申请文件方式。

（2）到专利事务所委托专利代理人代办专利申请。

取得专利权的条件如下：

（1）实用性，即可用、有益。

（2）新颖性，即前所未有。

（3）创造性，即非显而易见。

授予专利权的实质条件：

（1）发明与实用新型的实质条件。

实用性：是指发明或实用新型能够制造或者使用，并且能够产生积极效果。

新颖性：是指在申请日以前没有同样的发明或者实用新型在国内外出版物上公开发表过、在国内公开使用过或者以其它方式为公众所知，也没有同样的发明或者实用新型由他人向专利局提出过申请并且记载在申请日以后（含申请日）公布的专利申请文件中。

创造性：①发明的创造性。同申请日以前已有的技术相比，发明专利申请具有突出的实质性特点和显著的进步。②实用新型的创造性。同申请日以前已有的技术相比，实用新型专利申请具有实质性特点和进步。

（2）外观设计的实质条件。

新颖性：同申请日之前在国内外出版物上公开发表过或者国内公开使用过的外观设计不相同和不相近似。

不与他人在先取得的合法权利相冲突。

8.1.7 知识产权案例分析

案例1：石某柱等犯侵犯著作权罪案

案情：2009年以来，石某柱单独或伙同吴某、谢某将绘制或在他人作品上进行添加、题款并假冒李可染、齐白石、傅抱石等著名书画家署名的画作送交拍卖公司进行拍卖或直接出售，获得巨款。

裁判内容：生效裁判认为，石某柱等以营利为目的，制作、出售假冒他人署名的美术作品，数额巨大，其行为均已构成侵犯著作权罪，且属情节特别严重的情形。根据本案所涉犯罪事实、犯罪性质、社会危害性、认罪态度等情节，以侵犯著作权罪，分别判处石某柱等人刑期不等有期徒刑，并判处较大数额的罚金。同时，根据本案情节，为防止石某柱等人刑罚执行完毕、假释后或缓刑考验期限内继续从事假冒他人署名书画作品的营业活动，依法对石某柱等人分别适用从业禁止或禁止令。

案例2：刘某、郑某等13人犯假冒注册商标罪案

案情：2019年3月，刘某、郑某商议包装假冒贵州茅台酒后，由刘某出资、郑某组织陈某等11人进行包装，共假冒贵州茅台酒4569件（6瓶装、500ml/瓶、飞天牌、带杯），合计27414瓶，非法经营数额共计41093586元。

裁判内容：生效裁判认为，被告人刘某、郑某等人未经注册商标所有人许可，在同一种商品上使用与注册商标相同的商标，非法经营数额巨大，情节特别严重，各被告人均构成假冒注册商标罪，依法应在七年以下有期徒刑并处罚金的幅度内判处刑罚。最终判决：被告人刘某等13人犯假冒注册商标罪，分别判处有期徒刑五年零六个月至一年零六个月，并处罚金2100万元至5万元。

8.2　学术道德

8.2.1　遵守学术道德的意义

学术道德是科学研究的基本伦理规范，是提高学术水平和研究能力的重要保证，对增强自主创新能力、促进学术繁荣发展具有不可忽视的重要作用。因此，加强学术道德建设具有重要的现实意义。

学术道德是人才培养的重要内容，与学风、教风、校风建设相互促进、相辅相成；学术道德是社会道德的重要方面，对良好社会风气的形成具有示范和引导作用。

8.2.2　学术道德的涵义

学术道德是社会道德在科学技术研究中的表现，主要是指科学研究中进行学术活动的参与者的道德规范、行为准则和应该具备的道德素质，既表现为学术工作者在从事科研学术活动时的价值追求和理想人格，也具体反映在指导学术工作者正确处理个人与个人、个人与集体、个人与社会之间的相互关系的行为准则或规范之中。

8.2.3　学术道德的基础原则

1. 基本操守

在学术活动中，必须尊重知识产权，充分尊重他人已经获得的研究成果；引用他人成果时如实注明出处；所引用的部分不能构成引用人作品的主要部分或者实质部分；从他人作品转引第三人成果时，如实注明转引出处；不得利用科研活动谋取不正当利益。

2. 合作须知

诚实严谨地与他人合作，耐心诚恳地对待学术批评和质疑；合作研究成果在发表前要经过所有署名人审阅，并签署确认书；所有署名人对研究成果负责，合作研究的主持人对研究成果整体负责；对研究成果做出实质性贡献的有关人员拥有著作权；仅对研究项目进行过一般性管理或辅助工作者，不享有著作权；合作完成成果，应按照对研究成果的贡献大小的顺序署名。

3. 课题申报

在课题申报、设计、数据资料采集与分析、确认科研工作参与人员的贡献等方面，遵守诚实客观原则，搜集、发表数据要确保有效性和准确性，保证实验记录和数据的完整、真实和安全,以备考查;公开研究成果、统计数据等,必须实事求是、完整准确。

4. 研究对象、评价原则

在涉及人体的研究中,必须保护受试人合法权益和个人隐私并保障知情同意权;在对自己或他人的作品进行介绍、评价时,应遵循客观、公正、准确的原则,在充分掌握国内外材料、数据基础上,做出全面分析、评价。

8.2.4 学术道德研究准则

1. 遵纪守法,弘扬科学精神

科技工作者应是先进生产力的开拓者,是科技知识和现代文明的传播者,科技工作者的言行在社会上具有较大的影响;科技工作者应当模范遵守我国的法律、法规,不得有任何危害国家安全和社会稳定、损害国家荣誉和利益的行为;应积极弘扬科学精神、传播科学思想和科学方法。

2. 公开、公正,开展公平竞争

在保守国家秘密和保护知识产权的前提下,应公开科研过程和结果相关信息,追求科研活动社会效益最大化;开展公平竞争,对竞争者和合作者做出的贡献,应给予恰当认同和评价;评议评价他人贡献时,必须坚持客观标准,避免主观随意。

3. 相互尊重,发扬学术民主

尊重他人的知识产权,通过引证承认和尊重他人的研究成果和优先权,反对不属实的署名和侵占他人成果;尊重他人对自己科研假说的证实和辩驳,对他人的质疑采取开诚布公和不偏不倚的态度;合作者之间承担彼此尊重的义务,尊重合作者的能力、贡献和价值取向。

8.2.5 学术道德评价准则

坚持客观、公正原则。科技工作者和有关科技管理机构在科研立项、科技成果的评审、鉴定、验收和奖励等活动中,应当本着对社会负责的科学态度,遵循客观、公正、准确的原则,给出详实的反馈意见。

相关的评价结论要建立在充分的国内外对比数据或者检索证明材料基础上,对评价对象的科学、技术和经济内涵进行全面、实事求是的分析,不得滥用"国内先进""国际领先""填补空白"等抽象的用语。

相关内容要严格履行技术合同的有关约定,保证科技成果转化的质量和应用的效益。

科技工作者不应担任不熟悉学科的评议专家。长期脱离本学科领域前沿而不能掌握最新趋势和进展的人员，不宜担任评议专家。

8.2.6 学术道德批评准则

学术批评前应仔细研读相应论文，熟知该论文的研究过程，并对其中的观点、方法做过深入的研究和思考，在有理有据的条件下提出学术批评，不得夸大歪曲事实或以偏概全。

学术批评时应以学术为中心，以文本为依据，要以理服人，不得"上纲上线"。要坚持"百花齐放、百家争鸣"的方针，提倡批评与反批评，促进学科发展。

8.3 学术规范与合理使用文献

8.3.1 学术规范

学术规范是人们在长期的学术实践活动中逐步形成的被学术界公认的一些行为规则，学术规范的内涵是在学术活动过程中，尊重知识产权和学术伦理，严禁抄袭剽窃，充分理解、尊重前人及今人已有的相关学术成果，并通过引证、注释等形式加以明确说明，从而在有序的学术对话、学术积累中加以学术创新。学术规范主要由学术道德规范、学术法律规范及学术技术规范三个基本部分组成。

1. 学术道德规范

学术道德规范是学术规范的核心部分，要点如下：

（1）学术研究应坚持严肃认真、严谨细致、一丝不苟的科学态度。不得虚报教学和科研成果，反对投机取巧、粗制滥造、盲目追求数量而不顾质量的浮躁作风和行为。

（2）学术评价应遵循客观、公正、准确的原则，如实反映成果水平。在充分掌握国内外材料、数据的基础上，做出全面分析、评价和论证，不可滥用"国际领先""国内首创""填补空白"等词语。

（3）学术论文的写作应坚持继承与创新的有机统一。树立法制观念，保护知识产权，要充分尊重前人的劳动成果，在论文中应明确交代哪些是借鉴、引用前人的成果，哪些是自己的发明创见。

2. 学术法律规范

学术法律规范是指学术活动中必须遵循的国家法律法规及相关要求，要点如下：

（1）必须遵守《中华人民共和国宪法》和其它法律。应坚决贯彻执行党的路线、方针和政策,坚持学术研究为社会主义现代化建设服务的方向。

(2)必须遵守《中华人民共和国著作权法》(简称《著作权法》)。按照《著作权法》等有关法律文件的规定,应特别注意以下几点:合作创作的作品,其版权由合作者共同享有;未参加创作,不可在他人作品上署名;不允许剽窃、抄袭他人作品;禁止在法定期限内一稿多投,合理使用他人作品的有关内容。

(3)必须保守党和国家的秘密,维护国家和社会利益。遵守《中华人民共和国保守国家秘密法》,对学术成果中涉及国家机密等不宜公开的重大事项的,均应严格执行送审批准后才可公开出版(发表)。

(4)遵守其它适用的法律法规。按照《中华人民共和国民法通则》的规定,不得借学术研究以侮辱、诽谤方式损害公民法人的名誉。按照《中华人民共和国统计法》的规定,必须对属于国家机密的统计资料保密;在学术研究及学术作品中使用的标准、目录、图表、公式、注释、参考文献、数字、计量单位等应遵守国家标准化法、计量法等法律法规的规定。

3. 学术技术规范

1)数学式、反应式及数字、字母的规范

文章提及的数学式、反应式等可另占一行,并用阿拉伯数字连续编号。序号加圆括号,顶格排。一行表达不完需用多行来表示时,涉及的各符号要紧靠,最好用一些比较关键的符号断开。各类式子应遵守有关规定,并注意应严格区别容易混淆的各种字母、符号。

凡使用阿拉伯数字得体的地方,均应使用阿拉伯数字。世纪、年代、日期和时刻采用阿拉伯数字,年份不能简写。日期和时刻可采用全数字式写法。计量和计数单位前的数字采用阿拉伯数字。多位阿拉伯数字不能拆开换行。

2)量和单位的规范

科技论文中的量和单位,应严格执行国家标准,采用国家法定的计量和单位。不能使用已经被废除的量名称和非法定单位及非标准单位符号。表示变量含义的字母一般用单个斜体拉丁字母或希腊字母(少量变量用正体表示,如 pH),对于矢量和张量,应使用黑斜体表示,名称和名词缩写、单位和数字等一律用正体。

同一个字母,在一篇论文中只能表示同一个物理量;反之,同一个物理量也只能用同一个字母表示。如果要表示不同条件或特定状态下的同一个量,可采用不同的下标加以区别。应使用国标中规定的量符号,不能随意选用字符表示,更不允许用多个字母来表示一个量。

3)图和表的规范

正文中采用的图和表主要是用来表达文字难以表达清楚的内容,应注意以下几点:

（1）凡是用简短文字语言能叙述清楚的内容不要用图或表来表示，更不要既用文字又用图或表，甚至用多个图和表重复表示相同的结果和数据。

（2）图和表应设计合理，并各具独立性，按在文中出现的先后顺序分别给出图（表）序和图（表）题，图（表）题应简明、贴切，具有准确的说明性和特指性。

（3）线图中，凡有刻度和标值的坐标，必须标注量和单位（量纲为1的量单位除外），归一化或相对量值应加以说明。

（4）表格一般应采用"三线表"的格式，但在必要时也可以加辅助线。项目栏中的物理量均应标注单位，百分号（%）应放置在项目栏中，而不能随数值写入表中。

8.3.2 合理使用文献

合理使用文献是指在一定的条件下使用受著作权保护的作品，可以不经著作权人的许可，也不必向其支付报酬。合理使用最直观的考虑，是不允许使用他人的作品时出现阻碍自由思想的表达和思想的交流的情形。

《著作权法》的立法原则，除了首先保护著作权人的利益外，还要维护作品的传播者和使用者的权益，以利于科学文化的传播、传承和创新。因此，为了平衡三者之间的权益，《著作权法》规定，在一定条件下，对著作权人享有的专有使用权要进行适当的限制，其中"合理使用"就是这样一种制度。

1. 合理使用的范围

在下列情况下使用作品，可以不经著作权人许可，不向其支付报酬，但应当指明作者姓名或名称、作品名称，并且不得影响该作品的正常使用，也不得不合理地损害著作权人的合法权益。

（1）为个人学习、研究或者欣赏，使用他人已经发表的作品。

（2）为介绍、评论某一作品或者说明某一问题，在作品中适当引用他人已经发表的作品。

（3）为报道新闻，在报纸、期刊、广播电台、电视台等媒体中不可避免地再现或者引用已经发表的作品。

（4）报纸、期刊、广播电台、电视台等媒体刊登或者播放其它报纸、期刊、广播电台、电视台等媒体已经发表的关于政治、经济、宗教问题的时事性文章，但著作权人声明不许刊登、播放的除外。

（5）报纸、期刊、广播电台、电视台等媒体刊登或者播放在公众集会上发表的讲话，但作者声明不许刊登、播放的除外。

（6）为学校课堂教学或者科学研究，改编、汇编、播放或者少量复制已经发表的作品,供教学或者科研人员使用,但不得出版发行。

(7)国家机关为执行公务在合理范围内使用已经发表的作品。

(8)图书馆、档案馆、纪念馆、博物馆、文化馆等为陈列或者保存版本的需要,复制本馆收藏的作品。

(9)免费表演已经发表的作品,该表演未向公众收取费用,也未向表演者支付报酬且不以营利为目的。

(10)对设置或者陈列在公共场所的艺术作品进行临摹、绘画、摄影、录像。

(11)将中国公民、法人或者非法人组织已经发表的以国家通用语言文字创作的作品翻译成少数民族语言文字作品在国内出版发行。

(12)以阅读障碍者能够感知的无障碍方式向其提供已经发表的作品。

(13)法律、行政法规规定的其它情形。

上述规定适用于对出版者、表演者、录音录像制作者、广播电台、电视台的权利的限制。

2. 文献引用

文献引用贯穿于学术论文的写作中。在引言部分,研究者在大量的背景信息(被引用的文献)中找出该研究领域中的某些"空白"之处(发现问题或提出问题),以说明进行本研究的缘由;在具体实验中,研究者通常利用前人相关研究中的一些方法和技术路线(被引用的文献)对实验结果进行总结,提出理论假说的验证结果,并与已知经验或理论知识(被引用的文献)进行对照比较,提出肯定、否定或修正的意见。

(1)引用的作用:支持了论文作者的论证,提出了有力证据;体现了科学研究的继承性,研究的依据、起点和深度;反映了论文作者严谨的科学态度和对他人劳动成果的尊重;给读者提供了详细具体的文献信息,便于查证和阅读原始文献;有助于文献情报人员进行情报研究和文献计量学研究;有利于精简论文篇幅,节省版面。

(2)引用的时机:使用他人的原始数据,逐字使用他人的表述,概述、解释或使用他人的观点,使用他人论文的特殊结构、组织形式和方法,提及他人的工作。

(3)引用的原则:参考文献要具有全面性、权威性、时效性;引文要准确、中立,不带感情倾向;要告知读者哪些是引用,及时标明或声明;私人通信录、访问录、未发表或出版的论著、不宜公开的内部资料和文件,以及未经发表的国家、地方政府及单位的计划等,不得引用。

8.3.3 学术不端行为的界定

学术不端主要是指学术从业人员有意识地进行的学术违法违规行为，在科学研究和学术活动中的各种造假、抄袭剽窃、实验作假、伪注和其它违背学术活动公序良俗的行为。

1. 抄袭和剽窃

1）抄袭和剽窃的定义

抄袭和剽窃是欺骗行为，被界定为虚假声称拥有著作权，即取用他人思想产品，将其作为自己的产品拿出来的错误行为。

一般而言，抄袭是指将他人作品的全部或部分，以或多或少改变形式或内容的方式当作自己的作品发表；剽窃是指未经他人同意或授权，将他人的语言文字、图表公式或研究观点经过编辑、拼凑、修改后，加入到自己的论文、著作、项目申请书、项目结题报告、专利文件、数据文件、计算机程序代码等材料中，并当作自己的成果而不加引用地公开发表。

尽管抄袭与剽窃没有本质的区别，在法律上被并列规定为同一性质的侵权行为，其英文表达也同为"plagiarize"，但二者在侵权方式和程度上还是有所差别的：抄袭是指行为人不适当引用他人作品以自己的名义发表的行为；而剽窃则是行为人通过删节、补充等隐蔽手段将他人作品改头换面而没有改变原有作品的实质性内容，或窃取他人的创作（学术）思想或未发表的成果作为自己的作品发表的行为。抄袭是公开的"抄"，而剽窃却是暗地里的"抄"。

2）抄袭和剽窃的形式

抄袭和剽窃的形式如下：

（1）抄袭他人受著作权保护的作品中的论点、观点、结论，而不在参考文献中列出，让读者误以为观点是作者自己的。

（2）窃取他人研究成果中的调研、实验数据、图表，照搬或略加改动就用于自己的论文。

（3）窃取他人受著作权保护的作品中的独创概念、定义、方法、原理、公式等且据为己有。

（4）片段抄袭，文中没有明确标注。

（5）整段照抄或稍改文字叙述，增删句子，实质内容不变，包括段落的拆分合并、段落内句子顺序的改变等，整个段落的主体内容与他人作品中对应的部分基本相似。

（6）全文抄袭，包括全文照搬（文字不动）、删减（删除或简化，将原文内容概括简化、删除引导性语句或删减原文中的其它内容等）、替换（替换应用或描述的对象)、改头换面(改变原文文章结构,或改变原文顺序,或改变文字描述等)、增加(一是指简单的增加,增加一些基础性概念或常识性知识等;二是指具有一定技术含量的增加,即在全包含原文内容的基础上,有新的分析和论述补充,或基于原文内容和分析发挥观点)。

(7)组合别人的成果,把字句重新排列,加些自己的叙述,字面上有所不同,但实质内容就是别人的成果,并且不引用他人文献,甚至直接作为自己论文的研究成果。

(8)自己照抄或部分袭用自己已发表文章中的表述,而未列入参考文献,应视作"自我抄袭"。

3) 抄袭和剽窃行为的界定

抄袭和剽窃侵权与其它侵权行为一样,需具备四个条件:第一,行为具有违法性;第二,有损害的客观事实存在;第三,与损害事实有因果关系;第四,行为人有过错。由于抄袭物在发表后才产生侵权后果,即有损害的客观事实,所以通常在认定抄袭时都指已经发表的抄袭物。

一般来说,我国司法实践中认定抄袭和剽窃有三个标准。第一,被剽窃(抄袭)的作品是否受《著作权法》保护;第二,剽窃(抄袭)者使用他人作品是否超出了"适当引用"的范围,这里的范围不仅要从"量"上来把握,而且要从"质"上来确定;第三,引用是否标明出处。

这里所说的引用"量",有些国家做了明确的规定,如有的国家法律规定引用部分不得超过评价作品的 1/2,有的国家规定引用部分不得超过评价作品的 1/4,有的国家规定引用部分不得超过评价作品的 1/10。我国《图书期刊保护试行条例实施细则》第十五条明确规定:引用非诗词类作品不得超过 2500 字或被引用作品的 1/10;凡引用一人或多人的作品,所引用的总量不得超过本人创作作品总量的 1/10。目前,我国对自然科学的作品尚无引用量上的明确规定。考虑到一篇科学研究的论文在前言和结果分析部分会较多引用前人的作品,所以建议在自然科学论文和工程技术学术论文中,引用部分不要超过本人作品的 1/5。

对于引用"质",一般应把握以下几点:

(1)作者在另一部作品中所反映的主题、题材、观点、思想等的基础上进行新的发展,使新作品区别于原作品,而且原作品的思想、观点不占新作品的主要部分或实质部分,这在法律上是允许的。

(2)对他人已发表的作品中所表述的研究背景、客观事实、统计数字等可以自由利用,但要注明出处,即便如此也不能大段照搬他人表述的文字。

(3)《著作权法》保护独创作品,但并不要求其是首创作品,作品虽然类似但如果是作者完全独立创作的,则不能认为是剽窃。

2. 伪造和篡改

1）伪造和篡改的定义

伪造是在科学研究活动中，记录或报告无中生有的数据或实验结果的一种行为。伪造不以实际观察和实验中取得的真实数据为依据，而是按照某种科学假说和理论演绎出的期望值，伪造虚假的观察和实验结果。

篡改是在科学研究活动中，操纵实验材料、设备或实验步骤，更改或省略数据或部分结果使得研究记录不能真实地反映实际情况的一种行为。篡改是科研人员在取得实验数据后，或急功近利，或为了使结果支持自己的假设，或为了附和某些已有的研究结果，对实验数据进行"修改加工"，按照期望值随意改动或取舍数据，以使其符合自己期望的研究结论的行为。

伪造和篡改都属于学术造假，其特点是研究成果中提供的材料、方法、数据、推理等不符合实际，无法通过重复实验再次取得，有些原始数据甚至都被删除或丢弃，无法查证。这两种做法是科学研究中非常恶劣的行为，因为这直接关系到与某项研究有关的所有人和事的可信性。

科学研究的诚信取决于实验过程和数据记录的真实性。伪造和篡改会对科学研究的诚信造成不良影响，使得科学家们很难向前开展研究，也会导致许多人在一条"死路"上浪费大量时间、精力和资源。

2）伪造和篡改的形式

伪造和篡改的形式如下：

（1）伪造实验样品。

（2）伪造论文材料与方法，无中生有。

（3）伪造和篡改实验数据，伪造虚假的观察和实验结果，故意取舍数据和篡改原始数据，以使其符合自己期望的研究结论。

（4）虚构发表作品、专利、成果等。

（5）伪造履历、论文等。

3. 一稿多投

1）一稿多投的定义

一稿多投是指同一作者，在法定或约定的禁止再投期间，或者在期限以外获知自己的作品将要发表或已经发表，在期刊（包括印刷出版和电子媒体出版）编辑和审稿人不知情的情况下，试图或已经在多种期刊同时或相继发表内容相同或相近的论文。《中华人民共和国著作权法》第三十五条第一项设定了一稿多投的法律规定，如果是向期刊社投稿，则法定再投稿条件为"自稿件发出之日起三十日内未收到期刊社通知决定刊登的"。约定期限可长可短，法定期限服从于约定期限。法定期限的计算起点是"投稿日"，而约定期限可以是"收到稿件日"或

"登记稿件日"。法定期限的终点是"收到期刊社通知决定刊登日"。

国际学术界对于一稿多投现象的较为普遍认同的定义是：同样的信息、论文或论文的主要内容在编辑和读者未知的情况下，于多种媒体（印刷媒体或电子媒体）上同时或相继报道。

2）一稿多投的形式

一稿多投的形式如下：

（1）完全相同型投稿。

（2）肢解型投稿。例如，作者把 A 文章分成 B 文章和 C 文章，然后把 A、B、C 三篇文章投递给不同的期刊。

（3）改头换面型投稿。作者仅对文章题目做改动，而文章结构和内容不做改动。

（4）组合型投稿。除了改换文章题目外，对段落的前后连接关系进行调整，但整体内容不变。

（5）语种变化型投稿。例如，作者把以中文发表的论文翻译成英文或其它外文，在国际著作权公约缔约国的期刊上发表，这在国际惯例中也属于一稿多投，是违反国际著作权公约准则的行为。

3）一稿多投行为的界定

构成一稿多投行为必须同时满足以下四个条件：

（1）相同的作者。对于相同作者的认定，包括署名和署名的顺序。鉴于学术文章的署名顺序以作者对论文或者科研成果的贡献进行排列，调整署名顺序并且再次投稿发表的行为应当从学术剽窃的角度对行为人进行处理。同一篇文章的署名不同，应认定为剽窃，不属于一稿多投。

（2）同一论文或者同一论文的其它版本。将论文或者论文的主要内容，以及经过文字层面或者文稿类型变换后的同一内容的其它版本、载体格式再次投稿，也属于一稿多投。

（3）在同一时段将论文故意投给两家或两家以上的学术刊物，或者在不同时段且已知该论文已经被某一刊物接受或发表的情况下仍将论文投给其它刊物。

（4）在编辑未知的情况下一稿多投。

在从事科学研究的过程中，应严格遵守中华人民共和国《著作权法》《专利法》、中国科协颁布的《科技工作者科学道德规范（试行）》等国家有关法律、法规、社会公德及学术道德规范。要坚持科学真理、尊重科学规律、崇尚严谨求实的学风，勇于探索创新，恪守职业道德，维护科学诚信。可以看出，遵守学术道德规范就是理解和遵守相关的知识产权法，知晓法律义务和责任。

参 考 文 献

[1] 陈英，章童.科技信息检索[M].7版.北京：科学出版社，2019.

[2] 段明莲.信息资源编目[M].2版.北京：北京大学出版社，2008.

[3] 郭爱章.网络应用与综合信息检索[M].2版.北京：清华大学出版社，2014.

[4] 黄如花.信息检索[M].3版.武汉：武汉大学出版社，2020.

[5] 黄如花，胡永生.信息检索与利用实验教材[M].武汉：武汉大学出版社，2017.

[6] 黄泰山.我的搜主意比你多[M].北京：北京大学出版社，2014.

[7] 李贵成，刘微，张金刚.信息素养与信息检索教程[M].2版.武汉：华中科技大学出版社，2021.

[8] 马张华，侯汉清，薛春香.文献分类法主题法导论（修订版）[M].北京：国家图书馆出版社，2009.

[9] 明均仁.信息检索[M].武汉：华中科技大学出版社，2021.

[10] 童锡骏，夏丽萍，王卫星.网络资源与信息检索[M].北京：北京师范大学出版社，2011.

[11] 汪楠，成鹰.信息检索技术[M].4版.北京：清华大学出版社，2020.

[12] 王荣民，杨云霞，宋鹏飞.科技信息检索与论文写作[M].北京：科学出版社，2020.

[13] 王细荣，吕玉龙，李仁德.文献信息检索与论文写作[M].上海：上海交通大学出版社，2009.

[14] 王众托，吴江宁，郭崇慧.信息与知识管理[M].2版.北京：电子工业出版社，2014.

[15] 肖希明.信息资源建设[M].武汉：武汉大学出版社，2008.

[16] 姚中平，张善杰，李军华.现代信息检索[M].上海：上海交通大学出版社，2019.

[17] 叶春蕾，陈娜，林莉.信息检索与知识利用[M].北京：中国农业科学技术出版社，2019.

[18] 周建芳.信息素养与信息检索[M].3版.北京：科学出版社，2021.

[19] 朱丹.超级搜索术：帮你找到99%问题的答案[M].北京：电子工业出版社，2020.